MEMOIRE

POUR

M. DE SAINT-MICHEL.

CONTRE

M. THIROUX D'OUARVILLE.

ET ENCORE CONTRE

M. LE DUC DE CHEVREUSE;

ET M. LE PROCUREUR GENERAL.

A PARIS,

DE L'IMPRIMERIE DE LOUIS CELLOT, RUE DAUPHINE.

M. DCC. LXVII.

MEMOIRE

POUR Meſſire Joseph de Saint-Michel, Premier Préſident en la Chambre des Comptes de Blois.

CONTRE *Meſſire* Claude-Philibert Thiroux *d'Ouarville, Officier au Régiment des Gardes Françoiſes.*

Et *encore contre M. le Duc* de Chevreuse*, Pair de France, Chevalier des Ordres du Roi, Gouver-neur de Paris.*

Et *Monſieur* le Procureur Général.

PREMIERE PARTIE.

Les Adverſaires de M. le Préſident de Saint-Michel montrent bien de la confiance ; il peut aſſurer que la ſienne a redoublé depuis qu'il a pu connoître les titres

A ij

de M. le Duc de Chevreuſe. Et comment ne concevroit-il pas une ferme eſpérance, lorſqu'à l'autorité des maximes les plus précieuſes de notre droit public, il a l'avantage de joindre des conventions préciſes renfermées dans les chartes les plus reſpectables? C'eſt ſous les yeux de M. le Procureur Général, Défenſeur né des droits de la Couronne, c'eſt dans un Tribunal, auguſte & zélé conſervateur de ce dépôt ſacré, qu'il vient démontrer que le Comté de Dunois, ce Fief ſi grand, ſi éminent, eſt une portion du Domaine public & royal. Ses efforts peuvent-ils n'être pas favorablement accueillis?

Il a encore un témoignage à ſe rendre, c'eſt que dans ce combat où ſa Cauſe devient une Cauſe toute publique, on n'a point à lui reprocher de malignité ni de paſſion perſonnelle. On l'a attaqué, il a répondu par des ménagemens & des déférences; on l'a forcé de ſe défendre. C'eſt en cédant à une néceſſité impérieuſe qu'il eſt entré dans cette carriere, d'où il ſe flatte enfin de ne plus ſortir qu'avec la victoire due à la juſtice & à l'importance des droits qu'il ſoutient.

Il y avoit treize mois que M. le Préſident de Saint-Michel avoit acquis la Terre de Montigny, mouvante du Comté de Dunois; il y avoit fait des réparations conſidérables; ſon contrat d'acquiſition étoit entre les mains de l'Intendant de M. le Duc de Chevreuſe; cet Intendant avoit aſſuré, même par un écrit qui exiſte, qu'il alloit inceſſamment finir la liquidation des droits ſeigneuriaux dûs pour cette mutation. Tout promettoit au Préſident de Saint-Michel la jouiſſance la plus paiſible, lorſque tout d'un coup M. le Duc de Chevreufe, en qualité de Comte de Dunois, cede au fieur Thiroux d'Ouarville la faculté de dépouiller par un retrait féodal ce légitime acquéreur, d'une Terre qui lui avoit coûté tant de foins & tant de dépenfes.

Le contrat d'acquifition de M. de Saint-Michel eft du 15 Mars 1765, la ceffion du retrait féodal a pour date le 14 Avril 1766, & a été fignifiée le 22. Dans l'intervalle, après bien des affurances verbales, l'Intendant avoit envoyé un billet en ces termes :

M. Ifnard prie M. le Senechal (c'eft le Procureur du Préfident de Saint-Michel) *de vouloir bien écrire à Châteaudun à M. Pithou de lui envoyer le partage de 1612, devant M. Michault, Confeiller, des Terres de Droué & de Montigny, & le contrat d'acquifition de M. le Préfident de Saint-Michel, parce que fans ces deux pieces il ne peut point liquider les droits de rachat dus à M. le Duc de Chevreufe ; auffi-tôt que M. le Se- nechal aura eu la bonté de les lui faire remettre, il finira cet objet.*

Ces deux titres furent remis en effet à l'Intendant, qui n'a rendu le contrat d'acquifition à Me le Senechal, Procureur, que trois jours après la fignification du retrait féodal, & il a retenu la copie du partage de 1612 ; elle eft encore entre fes mains.

M. le Préfident de Saint-Michel a été accablé de ce coup imprévu ; l'événement ne pouvoit être plus fatal pour lui. Cependant fa fenfibilité ne l'a point empêché d'épuifer tout ce que l'honnêteté, jointe à la prudence, pouvoit exiger de lui d'égards & de circonfpection. Ses démarches, les procédés qu'il a

obſervés ont été rapportés dans deux premiers Mémoires, & ſa juſte délicateſſe eſt ſatisfaite de ce côté.
Aujourd'hui il a un objet plus important à remplir.

Déja il eſt dans la regle la plus exacte. Par un Arrêt
de la Chambre des Comptes de Blois, du 4 Juillet
1766, il a été reçu en foi comme vaſſal du Roi,
Comte de Dunois; il a enſuite, par une Requête
du 17 Janvier 1767, dénoncé à M. le Procureur
Général ſon hommage prêté & reçu, à l'effet, par
ce Magiſtrat, de prendre ſon fait & cauſe, & de faire
maintenir la Terre de Montigny dans la mouvance
du Roi.

Il s'agit donc d'examiner qui, du Roi ou de M. le
Duc de Chevreuſe, eſt le vrai Comte de Dunois.
M. le Préſident de Saint-Michel s'engage à prouver
que le Territoire poſſédé par M. le Duc de Chevreuſe appartient au Souverain & à l'Etat; pour
lors le retrait féodal cédé ſur lui s'évanouira de lui-
même.

On fait naître cependant une autre queſtion. Le
ſieur Thiroux, peu inquiet, à ce qu'il ſemble, du ſort
de ſon Cédant, pourvu qu'il conſerve le bienfait qu'il
en a reçu, va juſqu'à ſoutenir que quand même M.
le Duc de Chevreuſe n'auroit point la propriété du
Comté de Dunois, ſon retrait féodal n'en devroit pas
moins recevoir ſon effet : aſſertion ſurprenante, contraire à ce principe féodal ſi certain, que le retrait eſt
un droit éminent, qui ne peut être exercé & conſéquemment cédé que par le Seigneur propriétaire.
Quelle que ſoit cette propoſition, il nous faudra la
réfuter, & diſſiper avec elle d'autres fins de non-rece-

voir également frivoles ; & puifqu'on emploie contre le Préfident de Saint-Michel ce genre de défenfe, peut-être puifera-t-il lui-même une fin de non-recevoir, mais plus jufte, dans l'écrit émané de l'Intendant de M. le Duc de Chevreufe.

Il faut, avant tout, tracer une hiftoire fidele de cette Contrée fi confidérable de la France, qu'on nomme le Comté de Dunois, fuivre les changemens & les révolutions qu'elle a éprouvés, montrer en un mot par quelles voies ce grand Fief, forti du Domaine royal, eft revenu à fa fource. Et pour mettre plus d'ordre & de clarté dans ce récit intéreffant, on croit devoir diftinguer trois époques, dont la premiere comprendra tout le tems qui s'eft écoulé jufqu'à la donation que Charles, Duc d'Orléans, a faite de ce Comté au célebre Jean, bâtard d'Orléans. La feconde fera celle de la durée de la maifon de Longueville, dont ce grand homme fut le chef & le fondateur. La troifieme, commençant au moment où le Dunois a paffé au pouvoir du Chevalier de Soiffons, Prince de Neufchatel, & fucceffivement dans la Maifon de Luynes & de Chevreufe, nous conduira jufqu'à ce jour où nous foutenons que le prétendu titre de propriété de M. le Duc de Chevreufe eft atteint d'une nullité radicale ; & qu'ainfi le Comté de Dunois, réuni de droit depuis long-tems à la Couronne, doit enfin s'y réunir de fait. On aura le foin, pour mettre les Magiftrats & le Public en état de faifir tous les afpects de cette Caufe, de décrire exactement tous les titres refpectifs produits de l'un & l'autre côté.

FAITS HISTORIQUES

CONCERNANT LE COMTÉ DE DUNOIS.

Le Dunois portoit le titre de Comté dès le sixieme siecle, sous la premiere race de nos Rois. Un de nos plus anciens historiens, Grégoire de Tours, en donne une preuve formelle, en rapportant l'événement d'une guerre des habitans de l'Orléanois & du Blaisois, contre ceux du Dunois & ceux du pays Chartrain (1).

Le Dunois avoit donc ses Comtes dès le premier âge de la monarchie. Et qu'étoit-ce que cette dignité? Un Comte étoit un Gouverneur préposé par le Roi dans une ville ou dans une province, pour y faire rendre la justice aux peuples, & pour les protéger par la force des armes. C'étoit un Officier militaire, ou un Magistrat civil ; le plus souvent il réunissoit ces deux titres ; & dans l'une & dans l'autre qualité, il est évident qu'il n'étoit point le propriétaire du territoire confié à son administration. Ainsi le Dunois, par la

(1) Defuncto igitur Chilperico.... Aurelianenses cum Blesensibus juncti, super Dunenses irruunt, eosque inopinantes proterunt... Quibus discedentibus, conjuncti Dunenses cum reliquis Carnotenis de vestigio subsequuntur, simili sorte eos adficientes quâ ipsi adfecti fuerant .. Cumque adhuc interse jurgia commoventes desævirent, & Aurelianenses contra hos arma concuterent, intercedentibus COMITIBUS, pax usque in audientiam data est, scilicet ut in die quo judicium erat futurum, pars quæ contrà partem injustè exarserat, justitiâ mediante componeret ; & sic à bello cessatum est. *Grégoire de Tours*, pag. 333.

Misit Rex Guntchramnus Claudium quemdam.... Regressus autem (Claudius) ad Dunense castrum COMITEM commonet, ut ei trecentos viros quasi ad custodiendas Turonicæ urbis partes adjungeret, pag. 352.

raison

raiſon même que c'étoit un Comté, appartenoit à l'Etat.

Le même Hiſtorien prouve préciſément dans un autre endroit cette vérité, que le Dunois étoit une portion du domaine de la Couronne. Sigebert, Roi d'Auſtraſie, meurt. Childebert II ſon fils lui ſuccede. Il fait un traité, tant avec Gontran ſon oncle, Roi d'Orléans & de Bourgogne, qu'avec Brunehault ſa mere. Gregoire de Tours rapporte les clauſes de ce concordat. On céda à Gontran Etampes, Chartres, Vendôme, & expreſſément Chateaudun, capitale du Dunois (1).

Le Dunois fut donc une partie du royaume d'Orléans; & le chef des Carlovingiens, Pepin le Bref, qui réunit toute la France ſous ſes loix, poſſéda ce Comté, ainſi que les autres provinces de la Monarchie.

Sous cette ſeconde race des Rois, l'uſage des inféodations s'établit; les Bénéfices militaires que les Mérovingiens avoient conférés à leurs Fideles, à leurs Leudes, prirent, avec une forme nouvelle, le nom de Fiefs. On donna ſous ce même titre les Duchés, les Comtés, les Gouvernemens.

Les ayeux de Hugues Capet ſe diſtinguoient alors

(1) Cum in Chriſti nomine præcellentiſſimi domini Guntchramnus & Childebertus Reges, & glorioſiſſima Brunichildis regina, Andelaum, charitatis ſtudio, conveniſſent ut omnia quæ undecumque inter ipſos ſcandalum poterant generare, pleniori conſilio definirent.... id inter ipſos conſtat fixâ deliberatione finitum, ut in illam tertiam portionem de Pariſienſis civitate, cum terminis & populo ſuo quæ ad dominum Sigibertum de regno Chariberti conſcriptâ pactione pervenerat, *cum Caſtellis Duno* & Vindocino, & quidquid de pago Stampenſi vel Carnoteno in pervio illo antefatus Rex cum terminis & populo ſuo perceperat, *in jure & dominatione domini Guntchramni.... debeant perpetualiter permanere.* Gregoire de Tours, pag. 440.

B

par leur valeur & leur fageſſe, autant que par l'éle-
vation de leur naiſſance. Guillaume, l'un d'eux, fut
inveſti par Louis le Débonnaire du comté de Blois;
& il paroît que le Dunois a, depuis ce tems, été dans
les mêmes mains.

A Guillaume ſuccéda Eudes, ſon fils, ſelon quelques Auteurs; ſon neveu, ſelon d'autres.

Après Eudes, Robert le Fort, dont les ſuccès annonçoient les hautes deſtinées de ſa poſtérité, jouit du
comté de Blois. Charles le Chauve le lui inféoda; &
pour s'attacher plus étroitement ce grand Capitaine, il
l'établit Duc de tout le pays ſitué entre la Seine & la
Loire (1). Robert le Fort eut deux fils qui furent cou-
ronnés Rois de France, & c'eſt lui qui a été le bi-
ſayeul de Hugues Capet.

Celui-ci, avant de parvenir au Trône, étoit Duc
de France ; ce Duché comprenoit, outre les villes
de Paris & d'Orléans, les comtés de Gatinois, de Chartres, du Perche, de Blois, de Tours, d'Anjou, du
Maine, le canton de Sologne, & par conféquent le
Dunois, qui eſt enclavé dans toutes ces provinces. La
Couronne n'auroit donc point perdu pour lors le comté
de Dunois, s'il ne paroiſſoit que Hugues le Grand,
pere de Hugues Capet, imitant l'uſage des inféodations royales, avoit précédemment concédé Blois &
Dunois à Thibaut le Tricheur, « qui pour cette raiſon, *dit le Comte de Boulainvilliers,* » n'étoit pas d'a-

______

(1) Karolus Rex... cum Optimatum conſilio, Roberto Comiti Du-
catum intra Ligerim & Sequanam adverſus Britonnes Commendavit.
Annales de Saint Arnoul de Metz, ſous l'année 861.
Annales d'André Ducheſne, 3ᵉ vol. pag. 306.

»bord compté dans le nombre des Seigneurs du
» Royaume, mais bien pour un vaſſal de Hugues le
» Grand, comme on le voit dans les annales de Reims,
» ſur l'année 964 (1) ».

C'eſt Thibaut le Tricheur qui a rendu les comtés
de Blois & de Dunois héréditaires dans ſa famille.

On ſait quelles ont été parmi nous les révolutions
des fiefs. Dans leur pureté primitive ils n'étoient,
comme les bénéfices, que des conceſſions viageres,
& ils étoient, ainſi que les offices, perſonnels & maſculins. Comme la tranſmiſſion des offices du pere au
fils ſembloit naturelle, les offices devinrent perpétuels,
& l'hérédité des titres & des dignités entraîna la patrimonialité des territoires.

« Les Ducs ou Gouverneurs des provinces, les
» Comtes ou Gouverneurs des villes, les Officiers d'un
» ordre inférieur, profitant de l'affoibliſſement de l'au-
» torité Royale, rendirent héréditaires dans leur mai-
» ſon des titres que juſques-là ils n'avoient poſſédés qu'à
» vie ; & ayant uſurpé également les terres & la juſtice,
» s'érigerent eux-mêmes en Seigneurs propriétaires des
» lieux dont ils n'étoient que Magiſtrats, ſoit civils,
» ſoit militaires, ſoit tous les deux enſemble ». C'eſt
ainſi que parle M. le Préſident Hénault (2).

Louis le Débonnaire avoit fait le premier quelques

(1) Hiſtoire de l'ancien Gouvernement de la France, par le Comte
de Boulainvilliers, pag. 360.
Hiſtoire de Blois, par Bernier, part. 2.
Abrégé des Grands fiefs, par Brunet.

(2) Abrégé chrolonogique, remarques particulieres ſur la ſeconde
race.

inféodations perpétuelles. Charles le Chauve imita cette conduite, & fit un plus grand nombre encore de conceffions illimitées. Les exemples de ces Princes décidèrent du refte. Les richeffes de la Couronne furent bientôt épuifées. Il en réfulta des changemens qui devinrent prefque funeftes à la France. Un gouvernement bifarre prit la place de ce gouvernement monarchique, qui eft fondé fur des loix fi falutaires & fi faintes. Le droit public en France ne fut plus que le droit féodal ; la chaîne des fiefs dépendans les uns des autres, formoit feule la chaîne des pouvoirs intermédiaires dans l'ordre politique. Les rangs dans l'Etat étoient marqués par le rang des terres entre elles, & le ferment féodal enfin eut le pouvoir impie d'étouffer dans des guerres inteftines le ferment de fidélité qui doit lier inviolablement le Sujet au Monarque.

C'eft dans ces tems de défordre & d'anarchie que les poffeffeurs des comtés de Blois & Dunois s'en arrogèrent la propriété. La maifon de Thibaut le Tricheur en jouit jufqu'en 1218. Ces Comtés furent portés enfuite dans la maifon d'Avefnes, d'où ils paffèrent peu d'années après dans celle de Chatillon.

Sur la fin du quatorzieme fiecle Guy de Chatillon, Comte de Blois & de Dunois, maria fon fils unique, Louis, avec Marie de Berry, fille de Jean Duc de Berry & d'Auvergne. Par le contrat de mariage daté du 29 Mars 1383, Guy de Chatillon donna à fon fils le comté de Dunois, le château de Chateaudun, & les châtellenies de Marchenoir, la Ferté, Villeneuil, Freteval, Romorantin & Millançay, toutes mouvantes du comté de Dunois. Il fut ftipulé que ce Comté feroit tenu à foi & hommage du comté de Blois, que Guy de Chatillon, donateur, fe retenoit.

Louis de Chatillon mourut bientôt après fans enfans.

Se voyant fans poftérité & pourfuivi par une foule de créanciers, Guy de Chatillon conçut le deffein d'aliéner fes comtés de Blois & de Dunois.

Le 13 Octobre 1391, il fe paffa entre lui & le Duc Louis de Touraine, devenu depuis Duc d'Orléans, un contrat où l'on voit que Guy de Chatillon donne, tranfporte & délaiffe par donation irrévocable à Louis Duc de Touraine, & à Valentine de Milan fon époufe, Blois, Dunois, Chateaudun, Marchenoir, la Ferté, Villeneuil, Freteval, Romorantin, Millançay, Chateau-Regnault, & autres terres qui avoient pu être réunies aux comtés de Blois & de Dunois. En confidération de l'affection & de la libéralité de Guy de Chatillon, *& ne voulant encourir le vice d'ingratitude*, le Duc & la Ducheffe de Touraine promirent de lui donner, tant pour l'aider à acquitter fes créanciers, que pour l'aider à foutenir fon état & celui de Marie de Namur fa femme, la fomme de 200000 francs d'or, dont cent mille devoient être pris fur les deniers dotaux de la Ducheffe de Touraine.

Par un contrat de la veille 12 Octobre 1391, Louis Duc de Touraine acheta auffi de Guillaume de Craon, la vicomté de Chateaudun, fief inférieur relevant du comté de Blois.

Voilà le Duc d'Orléans poffeffeur de plufieurs fiefs importans. Quel ufage en va-t-il faire?

On étoit dans des tems qu'éclairoit une lumiere

devenue plus vive de jour en jour. Les Rois s'occu-
poient conftamment à reprendre leur autorité trop af-
foiblie par l'interpofition de ces grands vaffaux, dont
la puiffance faifoit ombre à la leur. Déja les Rois
avoient établi des communes, affranchi des ferfs ; déja
ils avoient mis des bornes aux Juftices feigneuriales,
foit par la députation des Commiffaires, appellés *miffi
Dominici,* foit par la création de Bailliages, qui atti-
roient à eux la connoiffance de tous les cas Royaux,
foit par l'introduction des appels, foit en défendant
aux Seigneurs de fiéger & de juger eux-mêmes dans
les Tribunaux de leurs Cours féodales. Mais de tous
les moyens qu'a mis en œuvre cette prudence des Souverains, cette fageffe qui, fuivie & foutenue pendant
plufieurs fiecles, a été un chef-d'œuvre de politique,
celui qui leur a réuffi le mieux a été la réunion de toutes les Terres confidérables au domaine de leur Couronne. Par combien de voies ces utiles réunions ne fe
font-elles pas opérées ? Les mariages, les fucceffions,
les confifcations, les acquifitions même à prix d'ar-
gent, les réverfions féodales, tout a fervi au fuccès
d'un deffein qui, en ne laiffant plus une égalité dange-
reufe de richeffes entre le Souverain & fes Sujets, devoit affurer l'obéiffance générale, & affermir la tran-
quillité publique.

Les Princes du fang royal fecondoient de leur côté,
autant qu'il étoit en eux, cet important fyftême des
Rois. Dans le même tems précifément, en 1386, le
Duc de Berry, oncle du Roi Charles VI, le même
qui avoit marié fa fille à Louis de Chatillon, *confidé-
rant les grandes félicités & honneurs qu'il avoit reçus*

& recevoit de ses Seigneurs les Rois, & qu'il étoit tenu d'augmenter & d'accroître de tout son pouvoir le bien & profit de la Couronne de France, déclara, que si lui ou son fils alloient de vie à trépas sans laisser d'hoirs mâles, il entendoit que ses duchés & comtés de Berry, d'Auvergne, de Poitou, de Montpensier, toutes ses Baronies, Châtellenies, Villes qu'il possédoit, soit de son propre héritage, par échoite de conquêts ou autrement, vinssent & appartinssent à toujours-mais à la Couronne de France. Tel fut le langage de ce Prince dans des lettres du 4 Novembre 1386. Un autre Oncle de Charles VI, le Duc de Bourbon, consigna une volonté semblable dans le traité de mariage du mois de Mai 1400, entre son fils aîné & la fille du Duc de Berry. Il voulut, qu'au cas que son fils & ses autres enfans mâles vinssent à défaillir, tout son duché de Bourbonnois, tout son comté de Clermont, demeurassent perpétuellement, & en propre héritage & domaine, au Roi & à la Couronne.

Louis Duc d'Orléans pouvoit-il avoir des vues moins généreuses & moins nobles? Il étoit le propre frere de Charles VI. Il étoit le fils d'un Roi, le frere d'un Roi. Il a été l'ayeul de Louis XII, le bisayeul de François premier, le Chef de toute une branche de nos Souverains. Combien les intérêts de la Couronne ne devoient-ils pas être chers & précieux à sa grande ame! Il avoit encore un motif particulier ; les terres qu'il acquéroit devenoient des conquêts entre lui & Valentine de Milan son épouse, dont les deniers dotaux servoient même à en payer le prix. Il avoit à craindre que quelque jour des Princes Italiens ne vinssent, s'il ne les écartoit, se former des établissemens dans le centre du Royaume ; & combien les tristes épreuves qu'on faisoit alors des entreprises des Anglois, ne devoient-elles pas faire redouter un événement de cette nature ?

Son amour pour la France porta Louis Duc d'Orléans à demander des Lettres-patentes au Roi son frere, pour tenir les comtés de Blois & de Dunois en titre de Pairie, de la même maniere qu'il possédoit son apanage. Un apanage réel est reversible au domaine Royal ; un apanage fictif suit la même loi ; les Pairies sont aussi, comme les apanages, frappées de retour envers la Couronne. Ainsi Louis Duc d'Orléans remplissoit, par cette voie, toutes les intentions qui pouvoient l'animer.

Charles VI donna en 1399, au mois de Juin, les Lettres-patentes qui lui étoient demandées. Le préambule s'explique en des termes honorables, comme c'est l'usage de ces sortes de Lettres, pour Louis Duc d'Orléans ; & voici la teneur de la disposition :

« Lui avons octroyé & octroyons que il, & notre
» très-chere & très-amée sœur la Duchesse d'Orléans
» sa femme, & tous leurs enfans procréés & à procréer
» en mariage, *tiennent, possedent & gouvernent* EN PAI-
» RIE DE FRANCE, fassent tenir, posséder & gouverner,
» dorénavant, perpétuellement, toutes les Comtés,
» Terres, Châteaux, Châtellenies, Baronnies, Jus-
» tices, Jurisdictions & Seigneuries, bois, eaux, cens,
» rentes, hommes & femmes, & autres possessions
» quelconques, ensemble leurs appartenances & dé-
» pendances acquises par notredit Frere, de tout le
» tems passé jusqu'à ores ; c'est à savoir LA COMTÉ,

SEIGNEURIE

»Seigneurie, *& appartenances* de Blois et de Du-
»nois, *les terres & acquêts par lui faits à Chateaudun*
»*& Bonneval, les terres & seigneuries de Fere en Tar-*
»*denois, & de Gandelus, & la vidamé de Châlons, &*
»généralement toutes les autres Seigneuries, Terres &
»possessions qu'il a acquises au tems passé, tant en la
»duché d'Orléans & comtés de Vallois & de Beau-
»mont, au pays de Champagne, de Brie & de Nor-
»mandie, comme autre part en notre Royaume, ainsi
»et par la maniere qu'il tient et possede son
»apanage par nous a lui baillé et assigné, *à cause*
»*de la succession de feu notre très-cher Seigneur & pere*
»*le Roi Charles, dont Dieu ait l'ame;* & que nosdits
»frere & sœur, & leursdits enfans procréés & à pro-
»créer, leurs gens & officiers présens & à venir, jouis-
»sent & usent dorénavant de tous privileges, noblesse,
»prééminence, libertés, prérogatives & franchises,
»*dont les* Pairs de France, *leurs gens & officiers*
»*usent & jouissent,* tant en cas de jugemens, d'appeaux,
»ajournemens, comme en autre cas quelconque, non-
»obstant qu'iceux autres cas ne sont déclarés ni expri-
»més aucunement en ces présentes, *& nonobstant que*
»*d'ancienneté lesdites Terres & possessions acquises par*
»*notredit frere ne soient tenues en Pairie de France*».

Ces lettres reposent dans les archives du Parlement
& de la Chambre des Comptes de Blois; elles résident
aussi dans le Trésor des chartes. Sur le regiſtre A, du
Parlement, où elles sont inscrites, l'intitulé porte: *Lit-*
tera quod Dominus Dux Aurelianensis tenet in Pariâ
comitatum Blesensem, & cæteras terras huc usque ac-
quisitas, ac sub ressorto Parlamenti, prout & quemadmo-

C

dum poffidet fuum Appanagium. On lit à la fin : *Collatio facta eft.*

Louis Duc d'Orléans n'avoit pas acquis feulement les comtés de Blois & de Dunois. Il acheta auffi la vidamé de Châlons, les terres de Fere en Tardenois, & de Gandelus ; & l'on vient de voir ces trois Seigneuries nommées dans les Lettres-patentes de 1399.

Il acquit enfuite une portion de la baronnie de Coucy, les châtellenies de Foulembray, de Saint-Aubin, de la Fere fur Oife, de Chateler, de Saint-Lambert-des-eaux, de Marle ; & il obtint en 1400, au mois de Décembre, de fecondes Lettres-patentes qui portent pareillement : *qu'il tiendra la baronnie de Coucy & fes dépendances* EN PAIRIE, *& comme* PAIR DE FRANCE, *ainfi & en la forme & maniere comme notredit frere en ufe, & a accoutumé d'ufer par notre octroi en fa duché d'Orléans & ez autres Terres qu'il tient de nous en Pairie.* Les Lettres marquent que dès-lors le Roi reçut la foi & hommage de toutes ces Terres.

Enfin devenu acquéreur d'une portion du comté de Soiffons, des villes & châtellenies de Ham en Vermandois, Pinon, Moncornet, Origny en Thierache & Vivage de Laon, il demanda de troifiemes Lettres-patentes en 1404. En forte qu'il paroît que ce Prince, à mefure qu'il faifoit quelques acquifitions un peu confidérables, s'empreffoit de les foumettre aux loix de la Pairie & de l'Apanage. Il paroît en même tems que, poffeffeur de tant de domaines, il defira de les réunir en un feul corps de Pairie, de Mouvance & de Juftice. Car ces troifiemes Lettres font générales, elles portent fur toutes les acquifitions faites jufqu'alors, & elles donnent à Louis d'Orléans le droit de tenir fes Grands-

Jours dans tel lieu de ſes Terres qu'il ſouhaiteroit : privilege rare, diſtingué, & dont la plupart des Pairs ne jouiſſoient pas. Ces mêmes Lettres, expliquant l'expreſſion de *tous leurs enfans*, portée dans les premieres, l'appliquent déterminément aux ſeuls enfans mâles ; & telle a été la regle véritable de la tenure de Louis Duc d'Orléans. Il eſt à propos de rapporter encore ces dernieres Lettres-patentes, datées du 22 Mai 1404.

» *Octroyons* que *il & la Ducheſſe d'Orléans ſa femme*
» *& tous leurs enfans mâles* . . . . . tiennent, poſſedent
» & gouvernent EN PAIRIE, ET COMME PAIRS DE
» FRANCE, leur baronnie & ſeigneurie de Coucy,
» leur comté de Soiſſons, avec leurs villes & châ-
» tellenies de Ham en Vermandois, Pinon, Moncor-
» net, Origny en Thierache, & le vinage de Laon,
» *& TOUTES LEURS AUTRES TERRES, NOBLESSES*
ET SEIGNEURIES QU'ILS ONT ACQUISES DE TOUT
LE TEMS PASSÉ JUSQU'A ORES . . . . . *ainſi & par la*
maniere que notredit frere TIENT ET POSSEDE SON
APANAGE par nous à lui baillé & aſſigné . . . . & que
» noſdits frere & ſœur, & leurs enfans mâles, jouiſſent
» & uſent de tout privilege dont jouiſſent & uſent les
» Pairs de France, meſmement qu'ils puiſſent en leurſ-
» dites Baronnies, Terres, Villes deſſus déclarées, &
» autres *QUELCONQUES PAR EUX ACQUISES*, *avoir*
» *& faire tenir LEURS GRANDS-JOURS, pour connoître,*
» *en cas de reſſort*, *des Jugemens qui donnés feront par*
» *leurs Baillifs*, *Gouverneurs & Sénéchaux* . . . . . *faire*
» *tenir LEURS GRANDS-JOURS EN TEL LIEU QU'IL*
» *LEUR PLAIRA ET BON SEMBLERA* ».

Sur le même regiſtre A du Parlement où ces lettres

font inferites, on lit : *lecta atque in Curiâ publicata.*

On verra dans la fuite quel jugement le Roi Louis XII, petit-fils de Louis, Duc d'Orléans, a porté de cette conceffion en Pairie par forme d'Apanage; on verra combien il étoit perfuadé qu'elle rendoit toutes les Terres acquifes par le Duc fon aïeul reverfibles au Domaine public.

Quant à préfent, voilà une premiere époque de faits. On y a obfervé que le Dunois appartint autrefois à l'Etat, que la Couronne ne l'a perdu dans des tems orageux que par des conceffions irrégulieres; mais qu'au moins elle a acquis le droit de le recouvrer par un effet de l'impreffion qu'ont produit les Lettres-patentes du Roi Charles VI.

S E C O N D E
E P O Q U E.

Louis, Duc d'Orléans, eut pour fils Charles d'Orléans, & Jean Comte d'Angoulême. Il donna auffi le jour à Jean, bâtard légitimé d'Orléans.

Le pere avoit été malheureux : un affaffinat trancha fes jours. Les deux fils eurent la difgrace de tomber entre les mains des Anglois, & de confumer un grand nombre de leurs années dans les fers de ces ennemis. Mais la fortune & la gloire favoriferent comme de concert leur frere naturel; fes exploits, fes victoires lui ont mérité le titre de Reftaurateur de la Monarchie; & à cet honneur fublime il joignit la fatisfaction douce & touchante de rendre les fervices les plus importans aux Princes fes freres; il défendit leurs places en leur abfence, il conferva leurs Terres, il fit prifonnier le Comte de Suffolk; & la liberté qu'il rendit à ce Seigneur Anglois lui valut enfin celle des deux Princes François.

Charles d'Orléans & le Comte d'Angoulême se firent un devoir de verser leurs bienfaits sur un héros à qui ils avoient tant d'obligations; leur reconnoissance n'attendit même pas pour éclater la fin de leur captivité. Elle leur dicta, & sur-tout à Charles d'Orléans, du Royaume même d'Angleterre, plusieurs Lettres, plusieurs Diplômes, plusieurs Chartes, qui toutes contiennent des donations en faveur de Jean son frere & de ses descendans. Mais attentifs en même tems à concilier ce qu'ils lui devoient avec ce qu'ils devoient à leur Maison, ils ne voulurent pas que leurs libéralités pussent s'étendre au-delà de la postérité de leur donataire. Il est essentiel de rendre un compte exact de toutes ces différentes chartes.

D'abord, & par de premieres Lettres datées de Bournes en Angleterre, du 29 Mars 1427, Charles, Duc d'Orléans, donna à Jean, son frere naturel, le Comté de Porcien en Champagne, « pour le tenir » & posséder, est-il dit, à toujours-mais, perpétuelle- » ment, héréditablement par notredit frere le bâtard, » & par ses hoirs mâles nés & procréés, à naître & à » procréer de lui en loyal mariage ».

Par de secondes Lettres données à Ampthytt le 14 Décembre 1430, Charles, Duc d'Orléans, reprit le Comté de Porcien, & y substitua celui de Périgord; il expliqua de même que cette donation étoit faite à Jean son frere « pour jouir du Comté de Périgord par » lui & par ses hoirs descendans de sa chair en loyal » mariage, à toujours - mais & perpétuellement. *Il* » *déclara* vouloir que lui & ses hoirs en jouissent comme » de leur propre chose; pourvu que ladite Comté de

»Périgord, ou les Terres que par échange ou autre-
»ment il en auroit eues, *retourneront*, est-il dit, *de
plein droit à nous & à nos hoirs , si ainsi étoit que lui &
sesdits hoirs allassent de vie à trépassement sans hoirs de
leur chair procréés en loyal mariage.*

Le même jour, 14 Décembre 1430, Charles
d'Orléans fit expédier d'Ampthytt d'autres Lettres, par
lesquelles il donna à son frere naturel les villes & châtellenies de Romorantin & de Millançay, toutes deux
situées dans le comté de Blois, « pour les avoir, est-
»il dit de nouveau, tenir & posséder à toujours-mais,
*par lui & par ses hoirs descendans de sa chair en loyal
mariage, pourvu que lui ne sesdits hoirs ne pourront
aliéner, ne charger lesdites Villes & Châtellenies ; mais
si lui & sesdits hoirs alloient de vie à trépassement sans
enfans de leur chair, lesdites Villes & Châtellenies retourneront à nous & à nos hoirs de plein droit.* Le Donateur imposa aussi la condition que *son frere & ses hoirs
tiendroient ces Châtellenies en foi & hommage-lige à
cause du comté de Blois, & en ressort & souveraineté
dudit Comté.*

Voici maintenant le titre principal de cette affaire.

Tous ces premiers dons ne satisfaisoient point la
générosité de Charles, Duc d'Orléans ; il jugea à propos de reprendre encore Romorantin & Millançay, le
comté de Périgord , & même le comté de Vertus
donné précédemment par un acte que nous ne con-
noissons pas : mais il les reprit pour les remplacer par
une libéralité plus digne de son grand cœur que toutes
les précédentes.

Par des lettres données à Calais le 21 Juillet
1439, il fit donation à son frere, *pour lui & ses hoirs*

deſcendans de ſa char en loyal mariage, du COMTÉ DE DUNOIS *& de la* VICOMTÉ DE CHATEAUDUN, ce qui comprenoit les *châtel*, *ville*, *terre & châtellenie de Châteaudun*, *les ville*, *terre & châtellenie de Freteval*, *les ville*, *terre & châtellenie de Marchenoir*, *les ville & châtellenie de la Ferté de Villeneuil*, *& la châtellenie de Frementeau*, *avec toutes les Seigneuries adjointes.*

A les avoir (ces termes ſont précieux , il faut les conſerver dans toute leur pureté) , *tenir & poſſéder*, *jouir & uſer par notredit frere bâtard*, ET PAR SESDITS HOIRS DESCENDANS DE SA CHAR EN LOYAL MARIAGE , *comme de leur propre choſe* , *en la forme & maniere que notredit frere tenoit de nous la Seigneurie de Romorantin.*

C'eſt à ſçavoir qu'ils tiendront de nous leſdits comté & vicomté de Dunois & de Châteaudun en foi & hommage-lige à cauſe de notre comté de Blois , *& en reſſort & ſouveraineté d'icelui Comté*, *comme font nos autres vaſſaux dudit comté de Blois ; pour leſquels reſſort & ſouveraineté exercer toutes fois que bon nous ſemblera* , *nous aurons ſiete & place eſdits comté & vicomté de Châteaudun & de Dunois* , *Bailly & Sergent* , *ſi métier eſt.*

POURVU QUE LUI, NE SESDITS HOIRS, NE POURRONT VENDRE NE TRANSPORTER LESDITS COMTÉ ET VICOMTÉ, *ne aucune choſe des appartenances & appendances d'iceux.*

Et au cas que notredit frere bâtard & ſeſdits hoirs iront de vie à trépaſſement SANS ENFANS DE LEUR CHAR PROCRÉÉS EN LOYAL MARIAGE , *leſdits comté &*

Vicomté de Châteaudun & Dunois RETOURNERONT A NOUS ET A NOS HOIRS DE PLEIN DROIT.

Octroyons à notredit frere que il & ses hoirs issans de sa char puissent charger & hypothéquer lesdits Comté & Vicomté en assiete de douaire à leurs femmes, seulement, & ils ne les pourront charger, ne hypothéquer en maniere que ce soit, si ce n'est pour ledit Douaire.

Pour donner toute l'authenticité & toute la publicité possible à cette Charte, le donateur y inséra la disposition suivante, qui fut exécutée : *Si donnons en mandement*.....*à nos amés & feaulx Chancellier, Garde de nos Sceaulx, Gens de nos Comptes, au Gouverneur de notredit comté de Blois, à nos Général, Conseillers & Tréforiers*......*& à tous nos autres Officiers & à leurs Lieutenans, préfens & à venir....* *que ils baillent & délivrent*.....*audit Messire Jehan Bastard notre frere lesdits comté & vicomté de Châteaudun*...*& l'en mettent en possession pour en jouir & ufer* PAR LUI ET SESDITS HOIRS ISSANS DE SA CHAIR EN DIT LOYAL MARIAGE......*Et afin que ce soit chose ferme & estable, nous avons fait mettre notre scel à ces Préfentes, données en la ville de Calais le* 21 *Juillet* 1439. *Signé par Monf. le Duc tenant son Conseil, auquel vous Garde des Sceaulx, Jehan de Saveufe..... & autres, étiez.* Expedita in Camerâ Comptorum Domini Ducis Aurelianenfis, ibidem regiftrata libro chartarum, *folio* 96, penultimâ die menfis Aprilis anno 1440. Signé, *Filleul.*

Trois caractères principaux marquent cette donation : elle n'est faite qu'à Jean d'Orléans & qu'aux hoirs descendans de sa chair. Il est défendu à Jean d'Orléans,

d'Orléans , & à ſes deſcendans, de l'aliéner. A l'extinction de la poſtérité de Jean d'Orléans, le comté
de Dunois doit retourner au donateur ou à ſes héritiers.

M. le Duc de Chevreuſe ne deſcend point de Jean
d'Orléans ; il n'a donc point de capacité perſonnelle
pour poſſéder le Dunois.

Le titre qui lui a transféré le Dunois ne peut être
qu'un titre quelconque d'aliénation ; mais toute
aliénation étoit défendue. Son titre eſt donc nul.

Jean , bâtard d'Orléans, a été le chef de la maiſon
de Dunois-Longueville ; cette Maiſon eſt éteinte : le
Dunois devoit retourner en ce cas aux héritiers du
donateur : ſes héritiers ont été les Rois : c'eſt donc
la Couronne qui eſt aujourd'hui propriétaire du
Dunois.

Il n'eſt rien de plus ſimple & de plus clair que ces
raiſonnemens : mais continuons.

M. le Duc de Chevreuſe ne peut point déſavouer
la réverſion ſi formellement écrite dans la Charte du
21 Juillet 1439 ; il voit qu'elle avoit été ſtipulée auſſi
dans les Lettres précédentes , tant le Duc d'Orléans
l'avoit à cœur. Mais il prétend qu'elle avoit été révoquée & détruite par des actes poſtérieurs. L'a-t-elle
été expreſſément ? Non. Ce n'eſt que par des inductions , par des raiſonnemens amenés de loin qu'il veut
faire préſumer une révocation qui auroit eu beſoin de
l'expreſſion la plus poſitive & la plus littérale. Voyons-
les néanmoins, ces actes ſubſéquens.

Charles , Duc d'Orléans, quitta enfin le royaume

D

d'Angleterre. Redevenu libre, il crut devoir ratifier ce qu'il avoit fait en captivité : il crut aussi devoir rassurer Jean d'Orléans, Comte de Dunois, contre l'instabilité qui avoit paru jusqu'alors dans les dons qu'il lui avoit faits. Dans cette vue, étant en son Château de Blois, au mois d'Août 1441, il rappella le don par lui précédemment fait de la Châtellenie de Romorantin, à Jean batard d'Orléans, *pour lui, ses hoirs & ayans cause :* (Sur quoi il est à observer que suivant l'acte du 14 Décembre 1430, c'étoit aux hoirs seuls, descendans de la chair de Jean d'Orléans, que le don de Romorantin avoit été fait, & que ce meme acte contenoit une réversion formelle en cas de défaillance des hoirs descendans ; en sorte que les mots, *ayans cause*, ne peuvent se référer qu'à cet ordre de personnes.) Charles d'Orléans rappella aussi le don du comté de Vertus. Ensuite il se fait représenter les lettres de donation du comté de Dunois, du 21 Juillet 1439, il les fait transcrire mot à mot, il fait copier aussi l'acte de possession que le Comte de Dunois avoit prise, ainsi que l'acte de foi & hommage qu'il lui avoit rendu. Il parle enfin en ces termes :

Et pour ce que de notre propre mouvement, franche & libérale voulonté, en vrai & affectueux désir, voulons & desirons icelui notre don des comté de Dunois & vicomté de Châteaudun, avoir & sortir son plein effet & vertu, sans jamais diminuer ou retrancher en aucune maniere, ne pour quelconque cause que ce soit, nous icelui don, la possession & saisine qui par vertu d'icelui a été prise, les foi & hommage qu'il nous a pour ce fait,

& auſſi le douaire par lui accordé de notre conſentement,
à notre très-chere & amée ſœur Marie de Harcourt ſa
femme , LOUONS , GRÉONS , RATIFIONS ET APPROU-
VONS , *& de notre certaine ſcience , grace eſpéciale , pleine*
puiſſance & autorité , CONFIRMONS *par ces préſentes.*

Ne voilà qu'une confirmation. Charles d'Orléans
ajoute :

« Par leſquelles préſentes en tant que métier eſt,
» reconnoiſſons à plein & au vrai par vûe & expé-
» rience plus amplement que ne faiſions, nous étant en
» Angleterre, les hauts, grands & notables ſervices que
» notredit frere nous a faits ». Ici eſt une énumération
des faits militaires du Comte de Dunois. Le Duc d'Orléans continue :

« A la rémunération deſquels grands, loyaux & no-
» tables ſervices, nous nous ſentons & réputons grand
» tenus, avons de nouvel & de notre plus ample
» grace & pour plus grant ſûreté de notredit frere &
» du don à lui fait, donné & donnons à toujours-
» mais, irrévocablement & perpétuellement à icelui
» notre frere, POUR LUI & SES HOIRS ISSANS DE SA CHAR,
» leſdits comté & vicomté de Dunois & Châteaudun ;
» leſquels dits Comté & Vicomté notredit frere & ſes
» HOIRS DESCENDANS DE SA CHAR, tiendront de nous
» en foi & hommaige lige à cauſe de notre châtel de
» Blois, & en reſſort & ſouveraineté de notredit comté
» de Blois ».

La confirmation du don ne regarde donc encore
que Jean d'Orléans & les deſcendans de ſa chair.

« Et s'il advenoit que notredit frere ou ſes ſucceſ-

» feurs & ayans caufe, par appanage ou autrement, dé-
» partît à AUCUN DE SES ENFANS AINSI DESCENDANS
» DE SA CHAR COMME DIT EST, le châtel & châtelle-
» nie de Freteval, icelui appanagé d'icelle Seigneurie,
» la tiendra de nous fans moyen & en plein Fief à caufe
» de notredit Châtel de Blois, nous en faifant foi &
» hommaige lige, avec tous devoirs de Fief, & en la
» forme & maniere telle que notredit frere nous fait
» & doit faire de ladite comté de Blois, felon & par la
» forme & maniere que contenu eft en nofdites lettres
» de don ci-deffus tranfcrites, pour en jouir comme de
» fa propre chofe ».

« Et outre plus promettons à notredit frere, de
» bonne foi, & en parole & promeffe de Prince, pour
» nous, nos hoirs, fucceffeurs ou ayans caufe, icelui
» notre don tenir, garder, enthériner & accomplir fer-
» mement & loyalement, fans aller faire ou fouffrir al-
» ler à l'encontre, & iceux Comté & Vicomté garan-
» tir, délivrer & défendre, à nos propres coûts & dépens,
» à notredit frere & à fes hoirs & ayans caufe, envers &
» contre tous qui en icelui leur voudront faire mettre
» aucun détourbier ou empêchement. Obligeons à
» notredit frere & à fes hoirs, nous, nos hoirs, fuccef-
» feurs Seigneurs, terres, revenus & biens quelcon-
» ques, en nous défaififfant & démettant defdites chofes
» & chacunes d'icelles, & en baillons à notredit frere
» pour lui, fes hoirs & ayans caufe la poffeffion & fai-
» fine ».

« Si donnons en mandement ; car ainfi le voulons
» & nous plaît être fait, nonobftant Ordonnances par

»nous faites ou à faire de non aliéner notre Domaine,
»ou quelconques autres Ordonnances, reſtrictions,
»mandemens à ce contraires ».

Qu'on liſe & qu'on reliſe ces Lettres; y trouvera-t-
on jamais la révocation & l'anéantiſſement d'une condition auſſi importante, auſſi favorable que l'étoit la
clauſe de réverſion? M. le Duc de Chevreuſe argumente des mots, *à toujours - mais*, *perpétuellement*,
irrévocablement, *ayans cauſe*. Mais ces termes-là n'ont
jamais d'autre ſens que celui qui eſt ſpécifié & déterminé par les conventions où ils ſont inſérés; & la convention principale étoit ici, que le don demeureroit limité au donataire & à ſa progéniture. On diſſipera
dans la ſuite toutes ces foibles difficultés.

Le Comte d'Angoulême, jaloux d'imiter la conduite de Charles d'Orléans ſon frere, donna auſſi des
Lettres le 29 Juin 1445. Il rapporta dans toute leur
teneur celles de 1439 & celles de 1441; & de ſon
côté il déclara *donner & tranſporter dès maintenant à*
toujours, à héritage perpétuel, & irrévocablement, à Jean
batard d'Orléans, pour lui & ſeſdits HOIRS DESCEN-
DANS DE SA CHAR EN LOYAL MARIAGE, tout le droit,
part & portion quelconque qui pouvoient lui appartenir
dans les comté & vicomté de Dunois & de Châteaudun,
pour en jouir par JEAN BATARD, ET SESDITS HOIRS
DESCENDANS DE SA CHAR, *à tout ainſi & par la forme*
& maniere que plus à plein étoit & eſt contenu èſdites
Lettres de don, AUX OCTROIS, CONDITIONS ET MO-
DIFICATIONS CONTENUES EN ICELLES.

Le Comte d'Angoulême n'a donc auſſi donné qu'à

Jean d'Orléans, & qu'à ſes deſcendans ; il a donc, en ratifiant la donation de ſon frere, ratifié toutes les conditions & modifications qui y étoient attachées. Il a de plus par une autre clauſe, *conſenti & accordé que le douaire promis & conſtitué ſur les mêmes Comté & Vicomté par Jean d'Orléans à Marie de Harcourt ſon épouſe, eût & ſortît ſon plein effet & vertu.* Et quel eût pu être le ſens de cette approbation du douaire, de cette approbation qui ſe trouve encore dans l'acte de 1441, ſi la propriété transférée au Comte de Dunois eût été une propriété ſans charge & ſans condition ?

Un an après, Charles, Duc d'Orléans, crut devoir faire une nouvelle faveur au Comte de Dunois, mais par rapport à la mouvance ſeulement de ſon Comté.

On a vu que par la donation de 1439, le Duc d'Orléans s'étoit réſervé ſur le Dunois qu'il donnoit, toute ſupériorité de Fief & de Reſſort. Avant cette donation, le Dunois, ſoit en vertu du caractere de Pairie, ſoit comme uni ou égal au comté de Blois, relevoit immédiatement de la Couronne de France. Par ſa donation, Charles d'Orléans le mit dans ſa propre mouvance, il en fit un Fief ſervant du comté de Blois ; il le recula d'un dégré de la Couronne : il y conſerva de plus ſon Siege de Juſtice, ſes Officiers. Par-là le Dunois ſe trouvoit diminué, & en quelque ſorte dégradé : il avoit perdu les prérogatives de Comté. Voilà ce que le donateur a voulu changer, en rendant au Dunois ſon premier luſtre.

Il rappella dans des Lettres du 25 Novembre 1446, qu'il avoit donné à ſon frere le Dunois pour le tenir à foi & hommage de lui & de ſes hoirs Comtes de Blois. Conſidérant ſes nouveaux ſervices, & *deſirant*, dit-il, *l'en rémunérer aucunement & l'exhauſſer & l'élever en dignité & nobleſſe, il octroye à Jean ſon frere, que* « dors-»enavant à toujours-mais, perpétuellement à héritage, »il ait & tienne les comté de Dunois, vicomté de »Châteaudun & Fiefs en dépendans, en tous droits, »nobleſſe, prérogatives & préeminence de Comté, tels »qu'à Comté peuvent competer & appartenir, de »Charles d'Orléans à cauſe de ſa comté de Blois, & »de ſes hoirs procréés de ſon corps en loyal mariage, »Comtes de Blois ».

« Et au cas que le Duc d'Orléans n'auroit hoirs de »ſon corps, ni auſſi le Comte d'Angoulême ſon frere »n'auroit hoirs mâles procréés de ſon corps, Comtes de »Blois, le donateur veut que Jean d'Orléans & ſes »hoirs tiennent le Dunois, Châteaudun & autres Fiefs, »du Roi, à cauſe de ſa Couronne, ſans moyen, en tel »droit que le Duc d'Orléans tenoit lui-même la »comté de Blois ; à cet effet & dès-à-préſent comme »dès-lors, le donateur ſépare, diviſe, ôte & éxime le »comté de Dunois de ladite comté de Blois ».

Cet acte que Charles VII revêtit de Lettres-patentes non-enregiſtrées, a dans la ſuite ſervi de titre à un Duc de Longueville, pour obtenir de Louis XIV, en 1660, de nouvelles Lettres-patentes qui firent rentrer en effet le Dunois dans la mouvance immédiate de la Couronne.

Henry d'Orléans, Duc de Longueville, expoſa à Louis XIV, que la ligne de Charles, Duc d'Orléans, avoit fini dans la perſonne du Roi Louis XII, (ce qui n'étoit pas exact) & que la ligne maſculine du Comte d'Angoulême s'étoit éteinte dans Henry III ; qu'ainſi les deux cas prévus par les Lettres de 1446, étoient arrivés. Le Roi deſirant traiter favorablement le Duc de Longueville *& ſes ſucceſſeurs, tant mâles que femelles,* excité même par la conſidération *d'un Comté de la qualité de celui du Dunois,* ordonna *que ce Comté & ſes dépendances ſeroient pour toujours immédiatement mouvans de la Couronne à cauſe du Château du Louvre. Il en déſunit en tant que de beſoin la mouvance du comté de Blois.* Ces Lettres-patentes du mois d'Août 1660, ont été enregiſtrées en la Cour par un Arrêt du 3 Septembre ſuivant, mais la Chambre des Comptes de Blois ne les a jamais connues.

Ce ſont-là tous les titres dont M. le Duc de Chevreuſe prétend inférer que la charge de réverſion ſtipulée dans la donation de 1439, a été ſupprimée & détruite. Peut-il ſe flatter de le perſuader ? Et que devient cette opinion, lorſque de ces actes dont il ſe prévaut, on en rapproche d'autres que préſente M. le Préſident de Saint-Michel ?

En 1452, le premier Juillet, Jean batard d'Orléans repréſenta au Duc d'Orléans, ſon bienfaiteur, qu'il lui avoit plû de lui donner le comté de Dunois ; que dans ce Comté & ſpécialement dans la châtellenie de Marchenoir qui en étoit dépendante, étoient ſitués & aſſis dix Fiefs. Le Duc d'Orléans, ayant égard à ſa priere, lui donna les dix Fiefs & leurs appartenances ; il voulut qu'ils fuſſent joints au comté de Dunois pour

les

les tenir de lui avec ce Comté à une seule foi & hommage, *selon les conditions, formes, manieres & modifications que contenu est ès lettres du don que lui avons fait dudit comté de Dunois, aux us & coutumes du châtel de Blois.* Le donateur répéta la clause, *nonobstant quelconques Ordonnances par nous faites de non aliéner aucune chose de notre Domaine, restrictions, mandemens ou défenses à ce contraires.*

Le même jour encore, premier Juill. 1452, Charles d'Orléans fit un nouveau don à Jean, son frere naturel; & dans ces nouvelles Lettres on trouve plusieurs fois citées & rappellées les conditions attachées à la donation originaire du comté de Dunois.

C'est le Donataire d'abord qui expose le don que le Duc d'Orléans lui avoit fait du Dunois & des Seigneuries en dépendantes, sans en rien retenir ni excepter, sauf les foi & hommage lige & le ressort & souveraineté, *sous certaines conditions & modifications plus à plein déclarées ez Lettres de don sur ce faites.* Il explique que les halles de Bonneval & les terres d'Onzenain & de Ronzay, acquises par Louis Duc d'Orléans, de Girard de Malmont, étoient échues à Charles d'Orléans, par le décès du Duc son pere; que cependant la recette de ces Terres avoit été faite avec le domaine ordinaire du comté de Dunois. Il demande que Charles d'Orléans daigne déclarer que son intention avoit été de les comprendre dans sa premiere donation, ou qu'il veuille les lui concéder de nouveau, pour en jouir comme du comté de Dunois. Charles d'Orléans déclare en effet que sa volonté avoit été,

E

& étoit *que les halles de Bonneval, les terres d'On-*
zenin & de Ronzay fuſſent & demeuraſſent à ſon
frere, pour en jouir & uſer, eſt-il dit, *ſelon les formes*
& conditions contenues au don par nous fait du comté
de Dunois, ſauf au regard de l'hommage.& foi, s'il eſt
trouvé que leſdites Terres ſoient tenues d'autres que de
Nous ; & entant que métier eſt, & d'abondant, les lui
avons données & octroyées pour lui & ſes hoirs, ſous les
formes & conditions que deſſus. Mandons à tous nos
Juſticiers qu'ils laiſſent notredit frere & ſes hoirs en
jouir paiſiblement, ores & dès le tems du don de ladite
Comté, nonobſtant quelconques ordonnances par nous
faites de non-aliéner aucune choſe de notre Domaine.

Enfin il exiſte un Aveu & dénombrement de la plus
grande force. Il paroît même que cet Aveu eſt le ſeul
qui ait été préſenté pendant toute la durée de la Maiſon de Longueville. On a pluſieurs hommages des
différens Ducs de ce nom. Un ſeul Aveu a été rendu :
mais qu'il eſt énergique !

Il fut préſenté à la Chambre des Comptes de Blois,
le 25 Juin 1586, par Marie de Bourbon, Ducheſſe
de Longueville, ayant le bail, garde, tutelle & adminiſtration légitime de ſes enfans nés d'elle & de Leonor
Duc de Longueville, Comte de Dunois. Cet aveu
fut examiné & diſcuté avec le plus grand ſoin : il fut plus
d'un an ſur le Bureau. Un Arrêt du 23 Juillet 1587 le
reçut enfin ; & on y lit que la Ducheſſe de Longueville, en ſa qualité, *reconnoît & confeſſe tenir en fief*
du Roi le comté de Dunois, & les Châtellenies membres
de ce Comté, appartenant à ſes enfans par le décès du
Duc leur pere, ſucceſſeur par moyen de feu de bonne mé-

moire, *Jean Bâtard d'Orléans*, *auquel l'an* 1439, *le* 21 *Juillet*, *ledit comté de Dunois fut donné par Charles d'Orléans*, *aux charge & condition expreffes*, *qu'au cas que ledit Jean Bâtard décédât* SANS ENFANS LÉGITIMES PROCRÉÉS DE SA CHAIR, *ledit Comté & la Vicomté de Chateaudun* RETOURNEROIENT AUX HOIRS DUDIT DUC D'ORLÉANS, COMTE DE BLOIS; SELON LAQUELLE CLAUSE ET CONDITION, ET A LA CHARGE D'ICELLE, *ainfi qu'il eft porté par lefdites* LETTRES DE DON & CONFIRMATIONS, (ce font fans doute les actes de 1441 & de 1445) SANS Y DÉROGER, *elle baille la déclaration & dénombrement qui en fuit*, *&c.*

Tout le problême, s'il y en avoit un, eft réfolu. Les actes de 1441, 1445, 1446 n'étoient que des confirmations : la charge de réverfion fubfiftoit toujours. Elle a été reconnue, elle a été déclarée & confacrée par un Arrêt en 1587; & fi elle fubfiftoit, qui peut douter qu'elle n'ait encore aujourd'hui toute fon exiftence & tout fon pouvoir ?

Cependant, pour perfuader que la propriété du comté de Dunois étoit devenue libre & abfolue, M. le Duc de Chevreufe fait une production immenfe d'actes divers, que quelques réflexions écarteront facilement lorfqu'il faudra les difcuter en regle. Il fuffit, quant à préfent, d'en donner une analyfe légere.

Jean d'Orléans, Comte de Dunois, & Marie de Harcourt fa femme, firent un teftament mutuel le 3 Octobre 1463. Ils voulurent, en inftituant héritier François d'Orléans leur fils, que s'il mouroit fans defcendans, toutes leurs Terres fuffent recueillies par Catherine leur fille. Le fief de Dunois n'étoit donc pas, dit-on, essentiellement masculin. Il l'étoit d'autant moins, qu'une fille, nommée Renée d'Orléans en a depuis hérité seule, suivant des Lettres-patentes de Louis XII, du 14 Mai 1513. Ce Fief n'étoit pas non plus impartable; car deux Arrêts du Parlement, le premier du 13 Août 1605, le second du 9 Avril 1622, en ont ordonné le partage entre des co-héritiers.

Mais qu'importent ces circonstances? Dans l'état de sous-apanage où le Dunois étoit tombé par la donation, ouvrage de Charles d'Orléans, nous consentirons, s'il le faut, à regarder avec M. le Duc de Chevreuse, le comté de Dunois, & comme un Fief féminin, & comme un Fief divisible dans la maison du Donataire. Il est à observer cependant, que les deux Arrêts de la Cour contiennent la disposition : *si mieux n'aime la Duchesse de Longueville donner récompense au Duc de Nemours, en autres Terres de la succession de pareille valeur.*

Il paroît que François d'Orléans, par un contrat du 6 Juin 1486, vendit la châtellenie de Freteval; que par un autre contrat du 22 Juillet 1487, il aliéna la châtellenie de Villeneuil; que Marie de Bourbon, Duchesse de Longueville, vendit le 20 Décembre 1597, la seigneurie d'Escoman, dépendante de la baronnie de Marchenoir. De-là on infere que tous ces possesseurs ne se seroient point permis de pareilles aliénations, s'ils n'eussent pas été de libres propriétaires.

La conséquence n'est point fort juste : ils ne seroient point les premiers qui auroient fait, dans des besoins pressans, ce qu'ils n'avoient pas le droit de faire. Ces trois exemples sont d'ailleurs assez mal choisis. Si

François d'Orléans vendit Freteval, il ne le fit qu'en se réfervant la faculté de le racheter, & cette Châtellenie fut retirée en effet par fa Veuve. S'il vendit Villeneuil, il impofa encore à fon acquéreur la condition d'en fouffrir le rachat. Quant à l'aliénation faite d'Efcoman par Marie de Bourbon, tutrice de fes enfans, qu'en peut-on penfer, lorfqu'elle-même, dans la même qualité, dix ans auparavant, avoit reconnu par fon Aveu & dénombrement de 1587, tenir le Dunois fous claufe de réverfion? Rien ne prouve d'ailleurs que la Terre d'Efcoman fît partie du comté de Dunois.

C'eft dans la même claffe qu'il faut ranger les contrats de conftitution de rentes de 1572, 1588, 1596, & années fuivantes, par lefquels le comté de Dunois a été affecté & hypothéqué. Cette claufe aura été inférée en faveur de créanciers qui l'exigeoient. Mais, quoi de plus indifférent encore? De telles hypotheques auront été des abus; & fi elles ont pu lier perfonnellement les Comtes de Dunois qui y foufcrivoient, fi elles ont pu les engager durant le cours de leur poffeffion, n'ont-elles pas dû fe réfoudre & finir avec leur droit?

Si les Comtes de Dunois & de Blois ont aliéné, ils ont auffi acquis. Jean Bâtard d'Orléans lui-même retira féodalement le fief de la Perigne. Henry d'Orléans de Longueville acheta en 1665 les fiefs de la Bichottiere, Merinville, Villevaux, Lizemberdiere, Saintainville, mouvans du comté de Dunois. On nous oppofe encore ces actes là; mais eft-il rien de moins concluant? Ou ces Fiefs ont été réunis au Dunois, en ce cas il en feroit dû un rembourfement; ou il ne s'en eft point opéré de réunion, en ce cas ils demeureroient à ceux qui les ont acquis, ou à leurs repréſentans. Peut-on jamais conclure de-là que les Comtes de Dunois puſſent ſe regarder comme des propriétaires ſans charge & ſans condition , tandis que l'on voit tous les jours des uſufruitiers, des engagiſtes , faire des acquiſitions dans les lieux voiſins de leur habitation ?

On annonce enfin que les Comtes de Dunois ont doté une Egliſe Collégiale, ont fondé une Sainte-Chapelle à Chateaudun. Pour cet article là, on n'en rapporte aucune preuve. Ce que nous ſavons au con-traire, c'eſt que la fondation du Chapitre de Saint-André remonte bien au-delà de la naiſſance de Jean Bâtard d'Orléans ; cette Egliſe fut établie par les an-ciens Comtes de Blois & de Dunois. Et quant à la Sainte-Chapelle de Chateaudun, qui a eu réellement pour fondateur ce Guerrier auſſi vertueux que vail-lant, nous voyons dans un acte du mois de Décembre 1464, que Charles Duc d'Orléans donna pour l'éta-bliſſement de cette Chapelle, & pour la ſubſiſtance des Chapelains, 100 liv. tournois de rentes à prendre ſur ſon comté de Blois, ou ſur ſon duché d'Orléans ; & que pour le ſurplus il permit à Jean ſon frere d'acqué-rir des fiefs, des arriere-fiefs, ou des cenſives dans le même duché d'Orléans, ou dans le comté de Blois, & il amortit les acquiſitions faites ou à faire pour cet objet.

Ainſi, indépendamment de ce que des legs de piété & des diſpoſitions dictées par la religion ſont d'un or-dre privilégié, dont il n'y a aucune conſéquence à tirer, il eſt certain que le comté de Dunois n'a ſouffert ni diſtraction ni démembrement pour les fondations qu'on allegue.

Tous ces derniers actes ſont donc en quelque ſorte étrangers & épiſodiques; c'eſt au titre primitif qu'il faut s'arrêter. Loin d'avoir éprouvé quelque altération, il a été ſouvent confirmé : pluſieurs actes ſubſéquens s'y ſont référés. Il a été renouvellé par un Aveu authentique & ſolemnel.

Ainſi le comté de Dunois avoit été ſpécialement & excluſivement deſtiné pour la poſtérité de Jean d'Orléans ; la Maiſon de Longueville, qui lui a dû ſon origine, avoit donc ſeule une qualité pour le poſſéder : il devoit retourner, lorſqu'elle finiroit, aux héritiers du donateur. Telle eſt conſtamment la loi ſous laquelle cette Maiſon en a joui : & voilà ce qui réſulte des faits de la ſeconde époque.

Henry d'Orléans, II du nom, Duc de Longueville, vivoit dans le dernier ſiecle. Il eut deux fils : le premier, Jean-Louis-Charles, qui entra dans l'état eccléſiaſtique, reçut l'Ordre de prêtriſe, & mourut le 4 Février 1694. L'autre, Charles-Paris, qui fut tué au paſſage du Rhin en 1672, ſans avoir été marié. Il avoit eu auſſi d'un premier lit Marie d'Orléans, qui épouſa Henry de Savoye, Duc de Nemours, & qui, après avoir ſurvécu à ſes freres & recueilli les biens de ſa maiſon, mourut ſans poſtérité le 16 Juin 1707. Ainſi s'éteignit la Maiſon de Longueville, longtems floriſſante, & qu'avoit fondé un des plus grands hommes que la Nation ait eus.

Troisieme Epoque.

Ici, interrompons un moment notre récit. Il s'agit de déterminer les droits que la Couronne avoit à cette époque fur le comté de Dunois ; & pour les fixer clairement, il faut remonter à Louis Duc d'Orléans, & à Charles fon fils ; il faut rechercher auffi quelle a été la deftinée du comté de Blois, de ce Comté qui, poffédé depuis des fiecles conjointement avec le Dunois, avoit été acheté avec le Dunois par Louis d'Orléans, & tenu auffi avec le Dunois en titre de Pairie par forme d'apanage.

Louis, Duc d'Orléans, on l'a déja dit, donna la naiffance à Charles d'Orléans & à Jean, Comte d'Angoulême. C'eft de Charles d'Orléans que nâquit le Roi Louis XII, & le Comte d'Angoulême a été l'ayeul du Roi François Premier.

Louis XII montant au Trône en 1498, y apporta le Comté de Blois, qu'il trouvoit naturellement dans la fucceffion de Charles fon pere ; & il y auroit apporté également le Comté de Dunois, fi Charles d'Orléans ne l'avoit eu mis hors de fes mains par fa donation de 1439 en faveur de Jean fon frere naturel.

Le Ciel n'accorda point de fils à Louis XII. Tous les fentimens de fon affection paternelle fe réunirent fur la tête de Claude de France fa fille : il defira de lui conferver les Terres qui avoient été acquifes par Louis Duc d'Orléans. Selon le principe qui fait aujourd'hui un des points inconteftables de notre Droit public, toutes ces Terres, dès l'inftant de l'avénement de Louis XII au Trône, avoient été incorporées au Domaine royal pour n'en pouvoir plus être féparées. Mais

foit

ſoit que cette Loi ne fût pas alors clairement connue ,
ſoit que l'autorité n'en fût pas affermie, Louis XII ne
l'enviſagea point comme un obſtacle au deſſein qu'il
avoit formé. On va voir dans les Lettres patentes émanées de ſon autorité, qu'il ne parla même point de cette
regle que nous regardons comme une maxime d'E-
tat. Il y ſuppoſe qu'elle n'exiſte pas, qu'elle ne l'engage
pas. C'eſt la Loi ſeule de la Pairie & de l'apanage qu'il
redoute; c'eſt à cette Loi ſeule qu'il veut déroger , &
il la conſtate en y dérogeant.

Il n'eſt rien de plus remarquable que le langage de
ces Lettres.

Elles ſont datées du mois de Février 1705 , & elles
furent enregiſtrées par un Arrêt de la Cour du 10 Mars
ſuivant.

« Comme dès l'an 1404 le feu Roi Charles VI, par
» ſes Lettres patentes en forme de charte . . . par con-
» ſidération des . . . vertueux . . . ſervices que feu notre
» ayeul le Duc Louis ſon pere lui avoit faits dès ſon
» enfance . . . & afin qu'il pût plus libéralement & pai-
» ſiblement tenir, poſſéder & gouverner ſes Sujets,
» Terres & Pays, lui octroya . . . que lui & feue notre
» ayeule Madame Valentine de Milan , ſa compagne
» & épouſe, Ducheſſe d'Orléans , & tous leurs enfans
» mâles procréés & à procréer en loyal mariage, tinſſent
» & poſſédaſſent . . . en pairie perpétuellement, leur ba-
» ronie & ſeigneurie de Coucy , comté de Soiſſons,
» avec les villes & châtellenies de Ham en Vermandois,
» Pinon, Moncornet, Origny en Thierache, le Vinai-
» ge de Laon , & *toutes leurs autres Terres , Nobleſſes*
» *& Seigneuries qu'ils avoient acquiſes au précédent &*
» *juſqu'alors* . . . Comtés & Terres quelconques; ainſi

»& par la forme & maniere que notredit feu ayeul
»tenoit & poſſédoit ſon apanage qui lui avoit été
»baillé & aſſigné à cauſe de la ſucceſſion du feu Roi
»Charles V ſon pere . . . . ainſi que le tout peut ample-
»ment apparoir par leſdites lettres de charte, *leſquelles*
»*furent dûement vérifiées & expédiées.*

»Au moyen de quoi feu notre ayeul & notre très-
»honoré Sieur & pere, que Dieu abſolve, ſon fils &
»Nous ſucceſſivement après eux, avant notre avéne-
»ment à la Couronne, *avons tenu & poſſédé ledit Com-*
»*té, Baronnie & autres Seigneuries deſſus dites, en*
»*titre de Pairie;* leſquelles Terres & Seigneuries, par
»raiſon, juſtice & équité, attendu qu'elles étoient &
»ont été acquiſes par noſdits ayeul & ayeule aupara-
»vant & alors dudit octroi, qu'elles ne ſont & ne dé-
»pendent aucunement de l'apanage qui fut baillé à
»feu notredit ayeul, doivent retourner & appartenir
»par vraie & droite ſucceſſion & hoirie, à nos enfans
»& héritiers, ſoit mâles ou femelles.

»*Toutefois pour ce que nommément eſt dit par leſ-*
»*dites Lettres & Octroi, que noſdits ayeul & ayeule,*
»*& leurs hoirs mâles deſcendans d'eux en loyal mariage,*
»TIENDRONT LESDITES CHOSES EN TITRE DE PAIRIE,
»*on pourroit douter, s'il advenoit, que Dieu ne veuille,*
»*que n'euſſions aucuns enfans mâles, que l'on vouſît*
»*prétendre, dire, maintenir leſdites baronnie de Coucy,*
»*comté de Soiſſons, & autres Terres & Châtellenies deſ-*
»*ſus dites,* ÊTRE SUJETTES A RETOUR ET DES ANNEXES
»DE NOTRE COURONNE, AINSI QUE LES AUTRES TER-
»RES ET SEIGNEURIES QUI FURENT BAILLÉES EN APA-
»NAGE A NOTREDIT AYEUL, qui ſeroit, ſi ainſi étoit,
»fruſtrer notre très-chere & très-amée fille Claude

»de France , à préfent notre fille feule & unique
»héritiere, ou autres nos héritiers, de ce que par
»raifon leur doit venir , competer & appartenir, fi
»provifion n'y étoit par nous fur ce mife ou donnée ,
»comme faire le devons & pouvons.

»Pourquoi , toutes ces chofes confidérées , & mef-
»mement que chofe jufte & raifonnable ne feroit que
»pour ledit octroi fait par ledit feu Roi Charles VI à
»nofdits ayeul & ayeule & à leurs hoirs mâles, qui ne
»concerne que privilege, franchife & titre de Pairie,
»le vrai droit & titre acquis par ci - devant ledit
»octroi efdites Terres & Seigneuries, fût perdu, di-
»verti & non gardé à ceux auxquels il doit venir,
»comme il fait par vraie fucceffion de hoirie à notredite
»fille après notre décès, au cas que n'euffions aucuns
»enfans mâles ; à laquelle notredite fille , pour la
»grande , finguliere & parfaite amour & dilection que
»lui portons, nous voulons fubvenir par raifon & amour
»naturelle qui à ce nous induit & admonefte.

»Pour toutes ces caufes & confidérations... ftatuons
»& ordonnons que notredite fille Claude de France,
»ou autres nos héritiers & fucceffeurs mâles ou femel-
»les , foit en ligne directe ou collatérale , jouiront
»après notredit décès, entierement, paifiblement &
»perpétuellement, defdites baronie de Coucy, comté
»de Soiffons, & de toutes les autres Terres, Seigneu-
»ries , poffeffions & chofes quelconques que nofdits
»feu ayeul & ayeule avoient acquis auparavant l'oc-
»troi à eux fait par ledit feu Roi Charles VI, & icelles
»tiendront & pofféderont en droit & titre de Pairie, &
»en toutes autres telles autorités, prérogatives, préé-

» minences que nos prédéceſſeurs & nous les avons
» tenus , comme héritiers deſcendus & repréſentans
» iceux nos feus ayeul & ayeule, auxquels par vraie
» ſucceſſion de hoirie , elles doivent retourner, com-
» peter & appartenir ; *ſans que , au moyen , & ſous*
» *ombre de couleur de ce qui par ledit octroi eſt expreſſé-*
» *ment dit & déclaré , que c'étoit pour jouir par noſdits*
» *ayeul & ayeule & leurs héritiers mâles procréés & à*
» *procréer d'eux en loyal mariage ,* on puiſſe après
» notredit décès les inquiéter, moleſter & travailler en
» la poſſeſſion & jouiſſance d'icelles Baronie , Comté ,
» Terres & Seigneuries... *ne icelles pouvoir dire , main-*
» *tenir , prétendre ou alléguer en défaut d'hoirs mâles ,*
» *être ſujettes à retour ne des annexes de notredite Cou-*
» *ronne ,* DONT *en tant que métier eſt ou ſeroit ,* DE
» NOTRE PUISSANCE ET AUTORITÉ ROYALE , NOUS LES
» AVONS DISTRAITES , SÉPARÉES ET DÉMEMBRÉES ,
» DISTRAYONS , SÉPARONS ET DÉMEMBRONS.... »

Voilà un Jugement émané d'un grand Roi , &
confirmé par ſa Cour. Ce Prince eſt perſuadé qu'on
auroit pu prétendre que la conceſſion en Pairie avoit
rendu réverſibles à la Couronne les Terres acquiſes
par Louis d'Orléans, comme des biens d'apanage. Il
croit devoir employer toute ſon autorité pour affranchir la Princeſſe ſa fille de cette Loi de retour, qui
faiſoit une Loi de l'Etat.

Du reſte cet effort de la puiſſance de Louis XII a
reçu ſon effet , mais un effet que les circonſtances ont
rendu momentané. François I. épouſa Claude de France, & il paroît qu'elle apporta en effet en dot ces Terres
que Louis XII avoit voulu lui conſerver. Il paroît auſſi

qu'après la mort de Claude de France, François I ne jouit de ces Terres qu'en qualité de légitime adminif-trateur & ufufruitier des biens de fon fils le Dauphin. C'eft ce qu'on remarque dans deux actes produits par M. le Duc de Chevreufe, datés des années 1528 & 1536, par le premier defquels François I reçut la foi d'un Comte de Dunois-Longueville, & par le fecond il accorda fouffrance au fils de ce Vaffal pour la lui por-ter. Dans ces deux actes il ne prend que le titre d'Ad-miniftrateur des biens du Dauphin, Comte de Blois.

Mais enfin Henri II, né de François I & de Claude de France, confondit dans fa perfonne tous les droits paternels & maternels. Les Terres que Louis XII avoit voulu démembrer du Domaine de la Couronne s'y réunirent alors d'elles-mêmes ; & ce fut *une bonne for-tune pour le Roi Louis*, dit M. le Procureur Général de la Guefle dans fes fameufes Remontrances fous Henri IV, *que fa fille aînée fût.mariée au fucceffeur de la Couronne ; car autrement elle n'eût été fans hafard que fa Déclaration eût été combattue par l'ancienne maxime du Domaine.*

Le Comté de Blois n'a fouffert depuis aucun chan-gement. On voit dans l'Ordonnance publiée au mois de Février par Charles IX, dans cette Ordonnance qui déclara & fixa enfin pour toujours les principes qui gouvernent le Domaine de nos Rois ; on y voit le Comté de Blois compris nommément au nombre des Terres réunies à la Couronne : *Les articles ci-deffus,* y eft-il dit, *auront lieu de Loi & Ordonnance, tant pour le regard de notre ancien Domaine uni à notre Couronne, que autres Terres depuis accrues ou advenues, comme Blois, Coucy, Montfort & autres femblables.*

Le Comté de Dunois ne fubit point le même fort , ou pour mieux dire, ne jouit point dès-lors de la gloire d'être de même confacré à l'Etat, parce que Charles d'Orléans, pere de Louis XII, avons-nous dit déja, l'avoit aliéné en faveur de fon frere naturel.

Mais premierement, Charles d'Orléans n'avoit pu l'aliéner que tel qu'il le poffédoit, & il ne le poffédoit qu'avec ce caractere dont Louis XII a reconnu la force, c'eft-à-dire que le Dunois, ainfi que Blois, étoit un apanage fictif dans fa main : d'où il fuit que la donation faite à Jean Bâtard d'Orléans n'avoit été qu'un fous-apanage, qui dans la rigueur des principes auroit dû fuivre la deftinée de l'apanage primitif & principal ; mais la confidération due à la mémoire du Donateur, les égards que méritoit auffi la Maifon de Longueville , féconde en hommes illuftres, furent des motifs, juftes fans doute, de fufpendre la réunion de ce Comté au Domaine royal.

Secondement, dans fa donation même, Charles, Duc d'Orléans, avoit établi tout ce qui pouvoit caractérifer un fous-apanage ou un apanage particulier: il n'avoit tranfporté le Dunois à fon frere que pour lui & les hoirs iffus de fa chair ; il avoit défendu qu'on l'aliénât , ni même qu'on l'hypotéquât autrement que pour le douaire des femmes qui entreroient dans cette famille ; il avoit voulu que, lorfque la poftérité de fon donataire finiroit , le Dunois revînt à lui ou à fes héritiers.

Or la voilà éteinte, cette famille du célebre Jean d'Orléans, Comte de Dunois-Longueville. On vient de l'expliquer : le dernier mâle de ce nom fut l'Abbé d'Orléans, mort dans les Ordres ſacrés en 1694. La derniere fille de ce nom fut Marie d'Orléans, Ducheſſe de Nemours, décédée ſans enfans en 1707.

Le droit de la Couronne s'ouvroit donc alors au moins à ces deux titres; il s'ouvroit, & en vertu de l'apanage fictif, d'après les Lettres de 1399 & de 1404, & en vertu de la clauſe de réverſion d'après la charte de donation de 1439.

Cependant qu'eſt-il arrivé? En l'année même 1694, le 6 Octobre, il ſe paſſe un contrat de mariage entre Louis-Henri légitimé de Bourbon, Prince de Neuf-chatel, connu dans le monde ſous le nom de Chevalier de Soiſſons, & Angélique-Cunegonde de Montmo-rency-Luxembourg. Par ce contrat, Marie d'Orléans, Ducheſſe de Nemours, donne au Prince de Neuf-chatel *toute & telle part & portion dont il lui étoit loi-ſible de diſpoſer, des Terres, Seigneuries, maiſons, héritages, rentes & autres immeubles qui lui apparte-noient.* Cette donation a les caracteres d'une donation univerſelle; & dans l'énumération des Terres données on trouve le *comté de Dunois,* la *vicomté de Château-dun & les Châtellenies qui en dépendent.* La donation ſe termine par ces mots : *& généralement tous & chacun les immeubles appartenans à la Ducheſſe de Nemours, à quelque titre que ce ſoit & dont elle eſt en poſſeſſion, avec tous droits reſcindans & reſciſoires, ſans que le défaut d'expreſſion puiſſe préjudicier au Seigneur futur époux.* Nous inſiſtons ſur ces termes, parce qu'ils ſer-viront de réponſe à une des objections de M. le Duc de Chevreuſe, qui veut faire paſſer ſa poſſeſſion pour une poſſeſſion juſte & de bonne foi, comme ſi un donataire à titre univerſel n'étoit pas tenu des faits de ſon auteur.

La Ducheſſe de Nemours ſembloit avoir elle-même plus d'inquiétude ; elle ajouta : *ſans être tenue néanmoins d'aucune garantie ni recours aucun, pour quelque cauſe & ſous quelque prétexte que ce ſoit ou puiſſe être ; madite Dame n'entendant donner que tout & tel droit qu'elle a & peut avoir aux choſes données , & dont elle peut diſpoſer.*

Au reſte, Madame la Ducheſſe de Nemours ſe réſerva l'uſufruit des biens , & établit une ſubſtitution.

Dès-auparavant, & par un teſtament olographe du 29 Novembre 1681, elle avoit inſtitué le Prince de Neufchatel pour ſon légataire univerſel.

A la mort de Madame la Ducheſſe de Nemours, il s'éleva des difficultés entre ſes héritiers paternels & Madame la Ducheſſe de Chevreuſe de Luynes, fille du Prince de Neufchatel.

Sire de Matignon avoit acquis & réuni en ſa perſonne les droits des héritiers paternels, qui étoient Madame la Ducheſſe de Villeroi & Madame la Ducheſſe de Leſdiguieres, & qui s'annonçoient deſcendans par des femmes de Jean d'Orléans, Comte de Dunois & de Longueville.

Parmi un grand nombre de Terres que réclamoit le Comte de Matignon, il réclama ſur-tout le Comté de Dunois, il forma même une demande à cet effet contre M. le Duc de Luynes aux Requêtes du Palais. Mais les Contendans aſſoupirent les conteſtations naiſſantes par une Tranſaction paſſée le 2 Mars 1712. Madame la Duchesse de Luynes y prit les qualités de donataire universelle & particuliere, entre-vifs & substituée, & de légataire universelle de la Duchesse de Nemours. Sire de Matignon de son côté y procéda, tant en son nom que pour Madame son épouse, pour MM. ses freres, & comme ayant les droits des autres héri-tiers paternels.

De la part du Seigneur de Matignon, il fut dit que *Madame de Nemours n'avoit pas pu comprendre dans sa donation universelle faite au Prince de Neufchatel, le comté de Dunois qui avoit eté donné par Charles, Duc d'Orléans, à Jean d'Orléans son frere naturel, le 21 Juillet 1439, pour lui & ses descendans, à la charge par eux de le tenir de Charles d'Orléans en foi & hom-mage lige, & de ne le pouvoir vendre, donner ni aliéner, & à condition que ce Comté seroit réversible à Charles d'Orléans & à ses héritiers, au défaut d'hoirs descen-dans de la chair de Jean d'Orléans ; laquelle condition ajoutée à l'inféodation n'avoit point été sujette à la res-triction des degrés marqués pour les substitutions par les Ordonnances d'Orléans & de Moulins : qu'ainsi le comté de Dunois devoit appartenir au Seigneur de Matignon & à MM. ses freres, comme descendus en droite ligne de Jean d'Orléans ; Madame de Nemours n'ayant pu aliéner ce Comté au préjudice de la condition expresse & de la loi de l'inféodation.*

Il fut répondu par M. le Duc de Luynes, que *cette prétention n'avoit pas même de vraisemblance, puis-que la premiere donation du comté de Dunois, faite par Charles, Duc d'Orléans, ne contenoit point de retour au comté de Blois par faute d'hoirs du donataire, mais seulement au donateur & à ses hoirs ; qu'ainsi on ne pouvoit regarder cette donation comme une véritable inféodation ; joint que cette clause de retour avoit même été réformée par la seconde donation du 25 Novembre 1446, confirmée par Lettres-patentes du Roi Charles VII, & par laquelle Charles d'Orléans avoit donné à Jean son frere, perpétuellement à héritage, le même comté de Dunois ; qu'enfin, quand il y auroit eu une véritable inféodation dans ces deux donations différentes, une inféodation réversible seroit restreinte, aussi bien qu'une substitution, aux quatre degrés auxquels l'Ordonnance de Moulins avoit fixé & limité les plus anciennes substitutions.*

Que ces raisons opposées par M. le Duc de Chevreuse étoient foibles ! Où donc appercevoit-on cette réformation prétendue faite de la donation premiere par une seconde donation contraire ? Etoit-ce un parallele bien juste que celui de la réversion stipulée, avec une substitution ordinaire ? Et comment peut-on regarder les degrés dans une réversion comme remplis & épuisés, tant qu'elle ne s'est pas ouverte, & qu'il n'y a eu encore aucun possesseur des biens dans la maison du donateur à qui le droit de retour appartient ?

Mais le Comte de Matignon & le feu Duc de Luynes vouloient transiger. Le Comte de Matignon n'avoit lui-même aucun droit au comté de Dunois ; & cependant il a reçu un prix considérable de ses différentes prétentions. Le traité porte : *que pour tous les droits qu'il avoit & pouvoit avoir sur les biens qui avoient appartenu à la Duchesse de Nemours, il auroit par forme de licitation, lot & partage, tous les immeubles situés dans la Province de Normandie, qui ont été détaillés, & parmi lesquels étoit, entr'autres, le duché d'Eſtouteville : Au moyen de quoi il a conſenti l'exécution des donation & teſtament de la Ducheſſe de Nemours ; il s'eſt déſiſté notamment de la demande formée pour le comté de Dunois, il a même fait toute ceſſion, ſubrogation ou délaiſſement de tout & tel droit qu'il pouvoit avoir & prétendre, tant en fonds que fruits, principaux & intérêts ; mais en même tems il a été convenu entre les Parties qu'il ne ſeroit par elles prétendu aucune garantie l'une contre l'autre pour raiſon des terres & biens qui leur demeureroient reſpectivement.*

Ainſi il ne reſte aux héritiers paternels de la Ducheſſe de Nemours aucune eſpece de prétention à exercer, ils ont renoncé à tous les droits qu'ils euſſent pu faire valoir. Dans le vrai, il ne leur en appartenoit point ſur le Dunois ; mais s'ils en avoient, de quelque nature qu'ils fuſſent, ils les ont aliénés par la Tranſaction de 1712, ſoit à titre gratuit, ſoit en en recevant la valeur en d'autres biens de la ſucceſſion. La Tranſaction ſeroit donc un titre de plus en faveur du Roi, ſoit comme renfermant, ainſi que le contrat de mariage de 1694, une aliénation prohibée par la charte de 1439, ſoit comme opérant une excluſion abſolue & irrévocable des deſcendans par des femmes de Jean d'Orléans.

La Tranſaction dont il s'agit peut d'autant moins être miſe en oppoſition avec les droits de la Couronne, que le Roi lui-même, & c'eſt encore une circonſtance digne de remarque, eſt iſſu par des femmes de l'illuſtre Comte de Dunois.

G ij

En effet, Henri d'Orléans, premier du nom, Duc de Longueville, eut une fille, Charlotte d'Orléans, qui épousa Philippe de Savoye, Duc de Nemours. De ce mariage naquit Jacques de Savoye, qui eut pour fils Henri ; celui-ci fut pere de Charles-Amedée de Savoye, qui donna le jour à Marie-Jeanne-Baptiste, mariée au Duc de Savoye Charles - Emmanuel II ; Victor-Amedée de Savoye fut son fils, & de ce Souverain est née Marie-Adelaïde de Savoye, qui a épousé Louis, Duc de Bourgogne. C'est à cette auguste union que la France doit le Prince Bien-aimé qui regne sur elle.

C'est donc en vertu du contrat de mariage du 6 Octobre 1694 que M. le Duc de Chevreuse jouit aujourd'hui du comté de Dunois, comme petit-fils, par Madame sa mere, du Chevalier de Soissons, Prince de Neufchatel.

Il paroît que M. le Duc de Luynes son pere entra en foi auprès du Roi en 1720, & qu'en 1721 il fit un nouvel hommage en qualité de Gardien-noble de ses enfans, héritiers de la Dame leur mere. Mais on ne voit point que M. le Duc de Chevreuse ait personnellement porté sa foi.

Il a exercé cependant, on n'en disconvient point, les actes ordinaires d'un possesseur, il a recueilli tous les fruits du domaine du comté de Dunois, il a reçu les hommages & les tributs pécuniaires des vassaux de ce Comté, qui sont, dit-il, au nombre de deux cens ; il a présenté aux Bénéfices dont le patronage est annexé à ce Comté. Quelques nuages se sont élevés de tems en tems sur sa propriété, on les a prudemment diffipés ; on a ou méprifé ou affoupi des bruits fourds qui fe font plus d'une fois répandus. Le prédéceffeur enfin de M. le Préfident de Saint-Michel dans fa terre de Montigny lui fit la foi en 1754, tant pour cette Terre que pour celle de Droué, qui depuis a été acquife par M. le Marquis de Brancas. Mais ce que n'avoit point fait encore M. le Duc de Chevreufe, c'étoit d'exercer, & encore moins de céder un retrait féodal ; il eft fâcheux qu'il ait commencé par M. le Préfident de Saint-Michel à faire ce trifte ufage d'un prétendu droit, toujours peu favorable en foi, & abfolument odieux dans les circonftances où celui-ci a été fignifié.

Quoi qu'il en foit, voilà des faits de poffeffion de la part de M. le Duc de Chevreufe ; mais de quel poids peut être la poffeffion, même la plus longue, contre les droits de la Couronne qui font fi effentiellement & imprefcriptibles & inaliénables ? Et peut-on, fi le titre de M. le Duc de Chevreufe eft nul, attribuer à fa jouiffance le caractere & les privileges d'une jouiffance de bonne foi ?

C'eft dans cet état enfin que la Caufe fe préfente à décider.

MOYENS.

Que de titres fe réuniffent, que de monumens concourent pour rendre au Roi & à l'Etat le Comté de Dunois !

Le Dunois fut autrefois démembré du Domaine public & royal, il doit y rentrer ; la Nation ne peut point perdre ce qui lui a une fois appartenu.

Dans le tems où les biens publics fembloient être tombés dans le domaine privé des fujets, le Dunois a été revêtu d'un titre de Pairie pour être poffédé comme un apanage ; l'impreffion de ce caractere a été un moyen heureux, propre à rappeller cette grande Terre à fa fource.

L'empreinte de cette qualité fubfiftoit & étoit récente encore, lorfque le Dunois fut de nouveau donné & inféodé ; mais il ne le fut que pour un tems, que pour une feule famille, & à la charge d'un retour à la maifon du Donateur. Ce tems eft accompli, cette famille a pris fin, & les héritiers du donateur ont été & font fur le trône. Le donataire même a l'honneur d'avoir le Roi pour defcendant par des femmes.

Une feule de ces trois propofitions pourroit fuffire : chacune des trois recevra une démonftration particuliere.

Mais avant de s'en occuper encore, il faut écarter les vaines fins de non-recevoir, qui n'auroient jamais dû trouver place dans une Caufe auffi importante. C'eft à regret qu'on va fe livrer à une difcuffion pareille, mais elle eft devenue néceffaire.

EXAMEN DES FINS DE NON-RECEVOIR.

On en oppofe trois. M. le Préfident de Saint-Michel a reconnu M. le Duc de Chevreufe pour fon Seigneur : il n'a point de qualité pour faire valoir les droits du Roi : il n'a point d'intérêt à les invoquer.

La premiere mérite à peine une réponfe. Qu'importe que le Préfident de Saint-Michel fe foit préfenté à M. le Duc de Chevreufe , qu'il ait remis à fon Intendant, lorfque celui-ci le lui a demandé, fon contrat d'acquifition , qu'il en ait defiré l'enfaifinement, qu'il ait follicité la liquidation des droits feigneuriaux dont il pouvoit être tenu ? Toutes fes démarches font bien voir que fon intention n'étoit pas, comme on l'a avancé, de fufciter un Procès à M. le Duc de Chevreufe ; & l'on peut encore moins l'en foupçonner, lorfqu'on fe rappelle les efforts qu'il a faits pour prévenir ou étouffer cette conteftation, fâcheufe à tant d'égards. Mais, en un mot, M. le Duc de Chevreufe avoit cette poffeffion publique dont on argumente fi fort aujourd'hui contre M. le Préfident de Saint-Michel : c'étoit une raifon très-fuffifante pour un nouvel acquéreur de lui porter fes devoirs.

On trouve dans Dumoulin une anecdote qui a quelque rapport avec cette objection.

Auguftin de Thou , Avocat au Parlement , avoit acheté un Fief dans le territoire d'Etampes. Un Seigneur puiffant du voifinage , dédaignant d'avoir pour voifin un Auguftin de Thou, Avocat, *dedignans habere vicinum talem Advocatum, ex humili plebe ortum* , recourut au Seigneur dominant, acheta de lui le domaine direct de fon fief, & établit une faifie féodale fur le fief acquis par Auguftin de Thou. Celui-ci lui exhibe fon contrat, lui offre la foi, lui offre le droit de quint ; mais fon Adverfaire choifit le retrait féodal. *Tunc expergifcitur emptor.* Alors Auguftin de Thou fe réveille, il révoque fes offres , il appelle de la faifie féodale. *Ceffionarius potens in Aulâ, multosque faventes habens ,* *omnem movebat lapidem.* Malgré tout ſon crédit extérieur, malgré toutes ſes raiſons, *non obſtantibus allegationibus & favoribus ſuis, emptor abſolutus eſt, excluſo ceſſionario.* La reconnoiſſance qu'avoit fait Auguſtin de Thou ne préjudicia point à cet Acquéreur, il vainquit par la force de ſon droit. *

Fera-t-on plus de cas de la ſeconde fin de non-recevoir ? M. le Préſident de Saint-Michel, dit-on, n'a point de qualité, il excipe du droit d'autrui ; eſt-ce à lui qu'il appartient ici de ſoutenir les intérêts de la Couronne ?

Il n'auroit point de qualité ſans doute pour demander perſonnellement la réunion du comté de Blois au Domaine royal ; auſſi n'exerce-t-il point une action de cette nature, il n'en exerce même aucune, il ne fait que ſe défendre.

C'eſt le ſieur Thiroux d'Ouarville qui eſt le demandeur, il pourſuit M. de Saint-Michel pour lui enlever la terre de Montigny, & ſon titre eſt un acte de ceſſion, où M. le Duc de Chevreuſe prend la qualité de Comte de Dunois. Le Préſident de Saint-Michel lui répond : Vous êtes un ceſſionnaire, tout ceſſionnaire repréſente ſon cédant, & n'a pas plus de droit que lui. M. le Duc de Chevreuſe a cédé le retrait à titre de Comte de Dunois ; prouvez qu'il eſt en effet Comte de Dunois. Qu'il ſoit poſſeſſeur de ce Comté, ce n'eſt point aſſez : un retrait eſt un droit, tel qu'il ne peut être exercé & conſéquemment cédé que par un Seigneur propriétaire : prouvez donc que M. le Duc de Chevreuſe eſt propriétaire. Vous ne le faites point : & je prouve au contraire qu'il ne l'eſt pas. Je le prouve par voie d'exception ;

* Dumoulin, Coutume de Paris, tit. 1, §. 1, gl. 4, n. 33 & 34.

ception ; feroit-il poſſible que je ne fuſſe point recevable à propoſer une exception qui me garantit de
votre pourſuite, qui me conſerve ma Terre dont vous
voulez me priver? On a le droit de peſer & d'examiner
mes preuves ; mais que je n'aie pas celui de les produire,
c'eſt ce qui n'eſt point compréhenſible : il vaudroit
autant ſoutenir qu'un citoyen a le privilege d'attaquer
un autre citoyen , ſans que celui-ci ait la liberté de le
repouſſer.

On oppoſe au Préſident de Saint-Michel un défaut
de qualité, & lui-même ſoutient que la ceſſion eſt
nulle par le défaut de qualité de celui qui l'a faite.
N'eſt-il pas bien biſarre qu'on prétende qu'il n'a pas
aſſez de qualité pour dire que ceux qui l'attaquent
n'ont point de qualité?

M. le Préſident de Saint-Michel en a une véritable,
& de ſon chef, on ne ſauroit en douter. Mais diſons plus ;
la défenſe qu'il propoſe, il peut la propoſer encore du
chef du Roi, à qui il a porté ſa foi & fait ſon ſerment
de fidélité. Le voilà aujourd'hui ſous l'hommage du
Souverain , ſuivant un Arrêt de la Chambre des
Comptes de Blois. Vaſſal reçu par le Roi, il a le pouvoir d'objecter contre le retrait cédé par un autre Seigneur, tout ce que le Roi pourroit objecter lui-même.

Il faut que le ſieur Thiroux d'Ouarville ait ſenti la
force de cette réception en foi. Que n'a-t-il pas allégué
pour en affoiblir l'autorité?

Cet hommage, a-t-il dit, a été porté pendant le
cours de la conteſtation. La Chambre des Comptes
de Blois a prononcé avec une précipitation extrême.
Ce Tribunal étoit incompétent d'après les Lettres-pa-

H

tentes de 1660, qui ont attribué à la Tour du Louvre la mouvance du comté de Dunois. Enfin la foi portée à un Seigneur, ne dégage point le Vaſſal envers un autre Seigneur, tant que ce Vaſſal n'eſt point réclamé ; & M. de Saint-Michel n'eſt réclamé par perſonne, il eſt abandonné de tous.

Illuſions ſur illuſions !

N'étoit-il pas déja bien naturel que le Préſident de Saint-Michel, pourſuivi par un ceſſionnaire de M. le Duc de Chevreuſe, ſe mît en regle, en reconnoiſſant ſon vrai Seigneur dominant ? Le ſieur Thiroux ne peut pas s'en plaindre, puiſqu'on ne lui oppoſe point le Jugement de la Chambre des Comptes comme un Arrêt qui ait décidé ſouverainement la conteſtation introduite dans un autre Tribunal. On ne le lui oppoſe que comme un acte de foi ; & il a au moins ce caractere, même dans un dégré éminent.

Si le Sr Thiroux d'Ouarville eût voulu ſe rappeller que les Requêtes n'ont jamais de date particuliere, il ſe feroit épargné l'inutile remarque, ou pour mieux dire, l'imputation injurieuſe qu'il a faite à une Cour ſupérieure, d'avoir agi avec trop de précipitation. Ce qu'il y a de certain, c'eſt que la Requête de M. le Préſident de Saint-Michel demeura pluſieurs jours ſur le Bureau, elle fit la matiere de pluſieurs ſéances de délibération, & ce ne fut qu'après la déciſion arrêtée & fixée qu'on remplit les opérations de forme ; il n'y avoit aucun inconvénient à les dater du même jour l'une à la ſuite de l'autre.

Mais la Chambre des Comtes de Blois étoit incompétente, pourſuit-on. C'eſt à celle de Paris que M. de

Saint-Michel devoit porter fon hommage. Autre erreur !

D'abord les Lettres patentes de 1660, ni celles de 1446, n'ont jamais été enregiſtrées en la Chambre des Comptes de Blois. Le Parlement a imprimé ſur les Lettres de 1660, le ſceau de ſon enregiſtrement ; mais quelque reſpeçtable que ſoit ſon Arrêt, il ne peut point faire loi pour un Tribunal qui n'a connu ni l'Arrêt, ni les Lettres; pour un Tribunal qui ſouverain lui-même dans cette partie, avoit le pouvoir de faire un enregiſtrement délibéré ; pour un Tribunal qui ne pouvoit être privé d'un droit de Juriſdiction dont il avoit joui juſqu'alors, ſans connoître au moins le titre par lequel on l'en privoit.

Il y a plus. L'objeçtion n'eſt pas réfléchie. On y confond la Mouvance avec le Domaine, le Comté de Dunois avec les Fiefs relevans de ce Comté.

Par les Lettres-patentes de 1660, il a été ordonné que le Dunois, qui juſqu'alors avoit relevé du Roi, comme Comte de Blois, releveroit déſormais du Château du Louvre, c'eſt-à-dire du Roi, comme Souverain & Monarque. C'étoit une faveur accordée au Duc de Longueville & à ſes ſucceſſeurs. Ils ſont devenus, en qualité de Comtes de Dunois, Vaſſaux immédiats de la Couronne. Mais ce privilege qu'ils ont obtenu, n'a ſûrement point changé la condition de leurs propres Vaſſaux. Ceux-ci ont donc dû continuer de faire leur hommage au Château du Dunois, & du nombre de ces Vaſſaux étoient les propriétaires de la terre de Montigny.

Aujourd'hui le Dunois, ceſſant d'exiſter comme

Fief mouvant de la Couronne, eſt devenu une por-tion du Domaine même de la Couronne. Du moins c'eſt ce que ſoutient M. le Préſident de Saint-Michel, & c'eſt dans cet état qu'on met en doute où il devoit, pour reconnoître le Roi, porter ſon hommage. Ce doute eſt frivole. De ce que le Dunois eſt devenu une Terre domaniale, il ſuit que les Vaſſaux de ce Comté doivent relever du Roi, comme Comte de Dunois : par conſéquent la foi qu'ils portoient auparavant au château du Dunois, eſt dévolue de plein droit à la Chambre des Comptes de Blois, dans le reſſort de laquelle le Dunois eſt ſitué, & qui eſt en même tems Chambre de Domaine.

Il ſuit de-là que les Lettres-patentes de 1660, n'ont jamais intéreſſé les Vaſſaux du Comté de Dunois; & il n'eſt même plus queſtion de ces Lettres, puiſqu'elles ne concernoient que les honneurs de la mouvance re-lativement aux Seigneurs, poſſeſſeurs du Dunois. Il s'agit aujourd'hui de la propriété même. C'eſt le Roi qui eſt Comte de Dunois; c'eſt donc ſa Chambre des Comtes de cette Province qui doit recevoir les obéiſ-ſances féodales de ſes Vaſſaux.

Soutenir que le Préſident de Saint-Michel, Vaſſal du Dunois, devoit s'adreſſer à la Chambre des Comptes de Paris „ c'eſt attribuer à cette Chambre une compé-tence univerſelle; c'eſt vouloir rendre les Chambres des Comptes ou des Finances de chaque Province, abſolument inutiles. Toutes les Provinces de France qui ont été réunies au Corps du Domaine de l'Etat, relevoient auparavant en plein Fief de la Couronne; & alors ſans doute le Seigneur feudataire faiſoit ſon hommage au Roi entre les mains du Chancelier ou du Garde des Sceaux, par des lettres vérifiées en la Chambre des Comptes de Paris; mais les fous-Vaffaux ne portoient point le leur en cette Chambre; & lorfqu'enfuite les réunions fe font formées, ces Vaffaux du fecond ordre ont reconnu refpectivement la Jurifdiction des Chambres de Domaine, des Bureaux des Finances, des Chambres des Comptes établies dans chaque Territoire.

Ajouterons-nous qu'il eft même étonnant que M. le Duc de Chevreufe fe prévale des Lettres-patentes de 1660? Elles n'ont été accordées qu'au Duc de Longueville & à fes fucceffeurs *mâles & femelles*. Quiconque voudra réfléchir fur ces expreffions, *fucceffeurs mâles & femelles*, fentira qu'elles n'ont défigné que les defcendans de ce Duc de Longueville, de l'un & de l'autre fexe.

L'argument du fieur d'Ouarville n'a donc aucune juftefle. Il n'y eut jamais de réception en foi plus réguliere.

On infifte, & l'on dit que, quel que foit le mérite de cet acte féodal, il ne difpenfe point le Préfident de Saint-Michel de reconnoître pour Seigneur M. le Duc de Chevreufe, tant que le Roi ne le réclame point, ne le défend pas, n'agit pas contre le poffeffeur.

Ainfi dans ce fyftême, M. de Saint-Michel doit être tout à la fois & Vaffal du Roi, & Vaffal d'un Duc. Quel paradoxe eft-ce là?

L'hommage qu'il a prêté forme conftamment un lien de droit, au moins pour lui. Naturellement même la foi donnée d'un côté, & reçue de l'autre, engage réciproquement le Seigneur comme le Vaſſal. Nous conviendrons cependant que ce même hommage reçu par les Officiers du Roi, peut ne point lier le Roi. Mais le Préſident de Saint-Michel doit ſuppoſer que tant que le Roi ne manifeſtera point une volonté contraire, il eſt dans l'intention de protéger & de garantir un Vaſſal qu'il a agréé & inveſti.

L'acte de foi ſubſiſte dans toute ſa force. Le Préſident de Saint-Michel en a fait une dénonciation réguliere à M. le Procureur Général. Il a invité ce Magiſtrat à prendre ſa défenſe. M. le Procureur Général ne s'eſt point encore expliqué. Ce ſilence même laiſſe le Préſident de Saint-Michel dans le vaſſelage du Souverain; conſéquemment il l'autoriſe à ne point entrer dans celui d'un autre Seigneur, ou pour mieux dire, il le lui défend. M. de Saint-Michel deviendroit coupable, ſi après avoir juré dans une Cour ſupérieure l'obéiſſance féodale à ſon Roi, il ne faiſoit pas tous ſes efforts pour ſoutenir ſon ſerment, & repouſſer le Seigneur étranger qui veut l'aſſujettir.

Que pouvoit-il faire au ſurplus qu'il n'ait fait? Le Receveur Général des Domaines de Blois, étoit décidé à intervenir; il alloit prendre le fait & cauſe de M. de Saint-Michel; il alloit réclamer dans les regles le Dunois comme un bien de la Couronne. Cette détermination, il l'avoit priſe après un examen ſérieux de tous les titres; il étoit au moment de l'exécuter, lorſqu'on a penſé que cette action réſidoit éminemment dans la main de M. le Procureur Général. Une lettre de cet Officier le prouve, elle eſt au nombre des pieces de la Cauſe.

Le sieur Rousseau, Receveur Général, s'est donc retiré, mais il a remis ses mémoires au Ministere public.

Aujourd'hui la sagesse de ce Ministere, aussi prudent que ferme & éclairé, attend que les moyens respectifs des Parties se soient éclaircis par la discussion aux Audiences de la Cour. Il n'est point à douter enfin que, lorsqu'il aura à donner ses conclusions, son zele ne se déclare en faveur des intérêts de la Couronne dont il est le défenseur par état, & le soutien le plus solide. Jusques-là on ne sauroit prétendre que le Président de Saint-Michel soit abandonné par le Seigneur dominant à qui il a fait son hommage; & par conséquent le défaut de qualité qu'on lui reproche est à tous égards une chimere.

Reste la derniere fin de non-recevoir. On prétend que M. de Saint-Michel n'a pas même d'intérêt.

Ne semble-t-il pas, quand on entend une pareille expression, qu'il doive être indifférent pour un Vassal, de relever d'un tel Seigneur ou d'un tel autre Seigneur? Et qui pourroit le croire, lorsque sur-tout un de ces Seigneurs est infiniment plus noble & plus grand que l'autre, lorsque l'un des deux est un Souverain & l'autre un Sujet?

Aussi n'est-ce point dans ce sens que l'objection a été proposée. Le Président de Saint-Michel est sans intérêt, par la raison, à entendre les Adversaires, que, quand même le comté de Dunois appartiendroit à la Couronne, le retrait féodal n'en auroit pas été moins efficacement cédé par M. le Duc de Chevreuse. Un retrait doit être regardé comme un fruit. Tout possesseur de bonne foi fait les fruits fiens. M. le Duc de Chevreufe a une poffeffion publique, paifible, patrimoniale; il doit donc profiter par lui ou par fon ceffionnaire, d'un retrait ouvert dans le cours de fa poffeffion,

Tel eft ce raifonnement, impofant en apparence & qui a pu féduire au premier abord. Que deviendra-t-il, fi toutes les parties qui le compofent font radicalement erronées?

Le retrait n'eft point dans la claffe des fruits : la poffeffion de M. le Duc de Chevreufe n'a point les caracteres de ce genre de poffeffion qui opere le gain des fruits : & enfin le fruit le plus véritable ne demeure point au poffeffeur, même de bonne foi, lorfqu'il eft encore exiftant & non confommé.

Reprenons chacun de ces points.

Parmi les droits féodaux, il en eft qui font purement utiles, tels font tous les profits pécuniaires; il en eft qui font plus honorifiques qu'utiles, & qu'on nomme par excellence droits dominicaux : telle eft la foi & hommage, tel eft le retrait.

Il fuffit d'avoir droit aux fruits d'un Fief pour pouvoir recueillir les lods & ventes, les reliefs, les quints, les requints. Ces obventions cafuelles appartiennent fans difficulté à quiconque a un droit de jouiffance, comme font les ufufruitiers, les fermiers.

Au contraire ni les ufufruitiers, ni les fermiers, ni tous poffeffeurs ordinaires, ne peuvent recevoir l'hommage des Vaffaux, ne peuvent retirer les Fiefs qui s'alienent pendant leur jouiffance. Des droits auffi éminens font abfolument attachés à la perfonne du propriétaire.

Déja

Déja on ne nous conteftera pas que la foi des Vaffaux ne puiffe être exigée & reçue que par le Seigneur
propriétaire, & la raifon en eft claire : ce n'eft qu'entre
eux que doit fe former cet engagement réciproque de
fidélité & de protection, ce lien féodal, ce *nexus clien-
telaris* qui les unit l'un à l'autre.

Il en eft de même du retrait féodal. Le retrait n'eft
au fond que le refus de la foi, c'eft refufer d'inveftir
l'acquéreur que de l'évincer en retirant fa Terre. Or ce
n'eft qu'à ceux qui auroient eu le pouvoir d'accepter,
qu'appartient celui de refufer.

Il y a d'autres raifons auffi fenfibles. Le retrait, dans
fon inftitution premiere, fut deftiné à opérer la réunion des Fiefs fervans au Fief dominant; & alors il
méritoit beaucoup de faveur, puifqu'il tendoit à réta-
blir un corps de Seigneurie dans fon intégrité : alors
par conféquent il étoit inceffible. On a penfé depuis
qu'il pouvoit avoir lieu, uniquement pour procurer au
Seigneur un Vaffal qui lui fût plus agréable. Quelque
choix qu'on faffe entre ces motifs, il eft toujours évident que le retrait ne peut être ou exercé ou cédé que
par le Seigneur propriétaire, puifque lui feul a le pouvoir de confolider le corps du Fief, comme lui feul eft
intéreffé à avoir un Vaffal qui lui convienne.

Les Coutumes ont rempli ces idées par une expreffion
énergique : *le Seigneur peut retenir par puiffance de
fief, le fief tenu de lui.* Le retrait fort & dérive de
la puiffance de fief.

Si donc l'exercice d'un retrait pouvoit prendre l'apparence d'un fruit, ce ne pourroit jamais être que

dans la perſonne de ce propriétaire , parce qu'il en a le germe productif dans ſa main.

C'eſt là exactement la doctrine des Auteurs feudiſtes les plus eſtimés. Le plus grand d'entre eux , Dumoulin s'exprime en ces termes :

ET ADVERTE *diligenter quod jus retractûs feudalis differt à cæteris juribus feudalibus utilibus ; hæc enim ſunt in fructu , & eorum commoda omninò fructuario cedunt ; fecùs in jure retractûs , quod non eſt in fructu.* § 20. Gl. 1. n. 38.

Reſpectu ejus qui non eſt Dominus , jus retractûs non eſt in fructu. §. 50. n. 5.

Le droit de retrait , dit Guyot dans ſon Traité ſur le retrait ſeigneurial , chap. 9 , n. 9 , *eſt un droit purement dominical , d'une eſpece finguliere ; l'exercice dépend intimement du droit* in ſe ; *qui n'a pas le droit* in ſe , *ne peut recueillir le fruit : le retrait n'eſt pas un fruit* propriè.

Voilà notre premiere réponſe.

Pour en diminuer la force , on oppoſera qu'il ne faut point confondre avec des détenteurs au nom d'autrui , un poſſeſſeur tel que M. le Duc de Chevreuſe qui jouiſſoit en ſon nom propre. Un poſſeſſeur de cette qualité fait tous les actes dérivans de la propriété , & le gain abſolu des fruits qu'il a pu recueillir , eſt la récompenſe de ſa bonne foi.

Ceci mérite d'être développé. On doit diſtinguer ſans doute M. le Duc de Chevreuſe de ceux qui , établis *in re alienâ , nomine alterius ,* n'ont qu'une détention corporelle & de fait. Mais on doit le diſtinguer avec plus de foin encore de ceux qui, acquéreurs à jufte titre, n'ayant point de fujet de douter du droit de leurs auteurs, ont en leur faveur une vraie poffeffion, *animo Domini*, une poffeffion civile & légale. Outre ces deux ordres de perfonnes, il eft une troifieme claffe dans laquelle feule on peut placer M. le Duc de Chevreufe; c'eft la claffe de ceux qui préfentent un titre, mais un titre nul dont elles ont pu connoître l'invalidité. Ces perfonnes-là vanteroient en vain leur bonne foi, la Loi ne la préfume point; cette bonne foi prétendue n'auroit pour fondement qu'une ignorance de droit, & l'erreur de droit n'eft jamais une excufe légitime. Le même Jugement qui annuleroit le titre, condamneroit indubitablement le poffeffeur à une reftitution de tous les fruits.

M. le Duc de Chevreufe repréfente à titre univerfel le Prince de Neufchatel, fon ayeul maternel; & le Prince de Neufchatel étoit auffi à titre univerfel donataire & légataire de la Ducheffe de Nemours. Or, abftraction faite des Lettres de Pairie & d'Apanage, abftraction faite de tous les autres moyens, il eft fûr au moins que par la charte qui avoit mis le Comté de Dunois dans la Maifon dont la Ducheffe de Nemours étoit iffue, il lui avoit été défendu de le tranfporter dans des mains étrangeres : il avoit été ftipulé qu'à l'extinction de fa famille, dont elle étoit la derniere tête, le Dunois retourneroit aux héritiers du Donateur. Elle ne l'ignoroit pas, le Prince de Neufchatel ne pouvoit l'ignorer; tous les titres lui ont été remis; c'eft M. le Duc de Chevreufe qui les rapporte aujourd'hui. Cependant, par le contrat de mariage de 1694, on a tranf-greffé une prohibition d'aliéner des plus formelles ; on a tenté d'éluder & de fruſtrer un droit de retour des plus légitimes ; un étranger a été inveſti d'un Comté déclaré inaliénable & réverſible. Un tel contrat eſt frappé d'une nullité abfolue.

Ou même, ſi l'on veut confidérer que la Ducheſſe de Nemours a déclaré ne donner que tel droit qui lui appartenoit, n'a difpofé que de ce dont il lui étoit per-mis de difpofer, fans garantie, & aux périls & rifques de fon donataire, il s'enfuivra que le Prince de Neuf-chatel n'a eu aucune forte de titre pour le comté de Dunois.

Si la Cour le juge ainſi : ſi la Cour, en conféquence, condamne M. le Duc de Chevreufe à abandonner le Dunois, elle ne pourra fe difpenfer de l'affujettir à rendre & à rapporter tous les fruits qu'il a recueillis.

Elle ne pourra s'empêcher de lui appliquer cette dif-pofition de l'ordonnance du Domaine de 1566, arti-cle 6 : *Ceux qui détiennent le domaine de notre Cou-ronne fans conceffion valable duement vérifiée, feront condamnés & tenus rendre les fruits perçus depuis leur indue poffeffion & jouiffance ; non - feulement depuis la faifie qui fera faite depuis la réunion, mais auffi depuis leur jouiffance ou de leurs prédéceffeurs, fans qu'ils fe puiffent excufer de bonne foi.*

Mais, ſi M. le Duc de Chevreufe doit reſtituer tous les fruits, & phyſiques & civils, comment pourroit-on lui accorder, ou à fon ceffionnaire, le retrait dont il s'agit, confidéré même comme un fruit ?

Ainſi la Caufe de M. le Préfident de Saint-Michel

eſt eſſentiellement inſéparable de la Cauſe du Roi.

Enfin derniere réflexion, quoique ſurabondante. Un poſſeſſeur même de bonne foi n'eſt diſpenſé de rendre que les fruits qui ont été conſommés : il ne peut point s'appliquer les fruits qui exiſtent au moment que s'entame la conteſtation.

Certum eſt malæ fidei poſſeſſores omnes fructus ſolere cum ipsâ re præſtare : bonæ fidei verò EXTANTES ; poſt autem litis conteſtationem univerſos. L. 22. C. de rei vindic.

Le fruit que le ſieur Thiroux veut s'attribuer eſt encore extant. En vain allegue-t-on qu'il eſt échu, que le retrait féodal eſt un de ces fruits qui *uno momento ſeminantur & naſcuntur* ; que celui-ci eſt né au moment du contrat, & a été coupé à l'inſtant de la ſignification du retrait. Toutes ces idées, relatives à des fruits naturels & qui ſe tranſportent difficilement à des fruits purement intellectuels ou civils, ſe fixent & ſe réduiſent par ce mot ſeul, que le poſſeſſeur de bonne foi ne conſerve point les fruits qui ſont encore en nature.

Or un retrait ne peut jamais être regardé comme conſommé, qu'autant que le Retrayant ſe trouve en poſſeſſion de la Terre retirée. C'eſt M. le Préſident de Saint-Michel qui jouit de Montigny. Au moment que le ſieur d'Ouarville a voulu l'en dépoſſéder, M. de Saint-Michel s'y eſt oppoſé. Il a ſoutenu que la Terre de Montigny ne pouvoit point appartenir à ce ceſſionnaire. C'eſt le fruit même, le prétendu fruit, qui fait le ſujet du litige entre les Parties ; & pour décider à qui l'on doit l'adjuger, il s'agit de ſavoir ſi M. le Duc de

Chevreuſe avoit le droit de le céder ; nous ſoutenons qu'il ne le pouvoit, ni comme propriétaire, car il ne l'eſt pas, ni comme poſſeſſeur de bonne foi, car il ne l'eſt pas. C'eſt la queſtion même qui eſt à juger. Et le ſieur d'Ouarville voudroit que l'on jugeât la queſtion par la queſtion !

Laiſſons donc là toutes ces ſubtilités. Qu'on ceſſe, à la faveur de ſophiſmes frivoles, de vouloir diviſer des objets indiviſibles ! A qui appartient le comté de Dunois? C'eſt de ce point unique que dépend le ſuccès ou la nullité de ce malheureux retrait dont le ſieur d'Ouarville a pris la ceſſion.

Cependant, & lorſqu'on cherche à accabler M. le Préſident de Saint-Michel ſous le poids de fins de non-recevoir, n'en a-t-il pas lui-même une plus légitime à propoſer?

On a vu l'écrit apporté au Procureur du Préſident de Saint-Michel, de la part de l'Intendant de M. le Duc de Chevreuſe.

Un Intendant eſt le mandataire du Seigneur. C'eſt l'homme que le Seigneur préſente à tout le Public pour l'adminiſtration de ſes affaires. Le Public, en traitant avec ce fondé d'une procuration générale, traite avec le Seigneur lui-même. On doit donc regarder l'écrit dont il s'agit, comme émané de M. le Duc de Che-vreuſe.

Or M. le Duc de Chevreuſe, par le miniſtere de ſon Intendant, a demandé le contrat d'acquiſition du Préſident de Saint-Michel. Il l'a demandé pour liqui-der les droits de rachat dus à cette occaſion : en le de-mandant, il a aſſuré qu'on alloit finir cet objet, c'eſt-à-dire qu'on alloit fixer les droits & en recevoir le paiement.

Par-là, M. le Duc de Chevreufe a agréé le Préfi-dent de Saint-Michel ; par-là, il a promis de l'in-veftir ; par-là, il a opté les droits pécuniaires. Il a donc renoncé au retrait.

Les fins de non-recevoir, dit Guyot, Chap. 18, n°. 1. *& les motifs d'exclufion du retrait feigneurial, fe tirent, ou du défaut de qualité & capacité du Sei-gneur, ou de quelque fait de fa part, ou de ceux qui font, ou font cenfés fes mandataires.*

L'obftacle le plus puiffant eft la réception en foi. Le paiement des droits en eft un autre auffi fort. Mais la fimple compofition fur les droits, la fimple promeffe de les recevoir, pourvu que le fait foit prouvé par un écrit, opere également l'exclufion du retrait.

C'eft ce que la Coutume de Paris a entendu expri-mer dans l'art. 21, qui forme le droit commun en cette partie : *fi le Seigneur féodal a reçu le quint denier,* CHEVI *ou baillé fouffrance, il ne peut plus retenir le Fief.*

Sur ce mot chevi, je crois, pourfuit Guyot, *que le dépri fait par l'acquéreur avant l'acquifition, fi le dépri étoit conftaté par un écrit, exclueroit le Seigneur du retrait...... Ce dépri porte promeffe & obligation tacite d'inveftir celui qui fe préfente : il eft une accep-tation de l'acquéreur, il eft l'agrément du Seigneur.... conféquemment le Seigneur ne peut plus varier, fous pré-texte qu'il n'avoit pas vu le contrat.*

Si tel l'eeft ffet d'une promeffe, même antérieure

au contrat; quelle ne doit pas être la force de celle qui suit le contrat, & qui en a accompagné l'exhibition ?

Aussi toutes les fois que la question s'est présentée dans des circonstances semblables, & même moins frappantes, la Jurisprudence s'est déclarée contre le retrait féodal, & en a interdit l'exercice.

Brillon dans son dictionnaire des Arrêts, sur les mots *Retrait féodal, Exclusion*, N°. 70, cite d'après Bouchel, Bibliotheque du Droit françois, un Arrêt en ces termes : *Un Seigneur féodal ayant écrit à son vassal nouvel acquéreur, qu'il lui feroit bonne composition des lods & ventes ; jugé par Arrêt en la Coutume d'Anjou que le Seigneur avoit élu les lods & ventes : il fut débouté du retrait féodal.*

Par un autre Arrêt du 12 Février 1716, recueilli par le Journaliste des Audiences, il a été jugé *qu'un Seigneur, après avoir donné son consentement pour la composition & dépri des droits seigneuriaux, ne peut valablement intenter sur ce une action en retrait féodal.*

Rien de plus juste. Tout retrait est odieux ; la cession d'un retrait est plus odieuse encore. Si les Loix ont cru devoir l'autoriser, elles étoient trop sages pour n'en pas renfermer l'exercice dans des bornes étroites.

On le voit donc : l'action qu'auroit pu avoir M. le Duc de Chevreuse, s'il eût été propriétaire du comté de Dunois, cette action étoit couverte & effacée, lorsqu'il en a fait une cession au sieur Thiroux d'Ouarville. Son cessionnaire vouloit étouffer la voix de M. le Président de Saint-Michel par des fins de non recevoir ; c'est sa propre demande qui n'est point recevable.

Mais

Mais c'eſt le moindre défaut de ce retrait injuſte. Il eſt eſſentiellement nul : M. le Duc de Chevreuſe n'a-voit point la puiſſance de fief ; il n'avoit point l'auto-rité de Seigneur féodal dans le comté de Dunois, parce que ce Comté eſt une Terre domaniale, un bien pu-blic, un patrimoine du Roi & de l'Etat. C'eſt ce qui ſera bientôt démontré.

Monſieur SEGUIER, Avocat Général.

Me LE GOUVÉ, Avocat.

LE SENECHAL, Proc.

K

TABLE

DES TITRES ET DES ACTES.

+ eM. le. bibliothequaire De tt victor

a. labbaye tt victor

+ eM. le. bibliothequaire De tt victor

a. labbaye tt victor

MEMOIRE

POUR

M. DE SAINT-MICHEL,

CONTRE

M. THIROUX D'OUARVILLE.

ET ENCORE CONTRE

M. LE DUC DE CHEVREUSE,

ET M. LE PROCUREUR GENERAL.

MEMOIRE

POUR M. le Préſident DE SAINT-MICHEL.

CONTRE M. le Duc DE CHEVREUSE.

LE ſieur THIROUX D'OUARVILLE.

ET Monſieur LE PROCUREUR GÉNÉRAL.

SECONDE PARTIE.

LE Comté de Dunois appartient à la Couronne à trois titres : il lui appartient, parce qu'il lui a autrefois appartenu ; il lui appartient, parce qu'il a été poſſédé par Louis & Charles Duc d'Orléans, en titre de Pairie, par forme d'Apanage ; il lui appartient, parce qu'il a

A

été expreffément frappé d'un droit de retour dans la perfonne de Jean Bâtard d'Orléans.

PREMIERE PROPOSITION.

Le Dunois démembré du Domaine royal doit y retourner.

La Monarchie naiffante comptoit le Dunois au nombre des terres appartenantes à la Nation ; ce pays étoit adminiftré par un Comte, Gouverneur établi par le Roi, au nom de l'Etat Propriétaire. Il devint fous le Roi Gontran une Province de fon Royaume d'Orléans. Charles le Chauve l'inféoda à Robert le Fort ; fon petit-fils, Hugues le Grand, le concéda à Thibault le Tricheur. Ce n'eft que par une fuite de ces conceffions, que Thibault & fes fucceffeurs, profitant de la confufion anarchique qui s'étendit en France fur les droits du fceptre, ainfi que fur toutes les loix publiques & privées, agirent en maîtres dans ce territoire, & s'accoutumerent à regarder comme un héritage qui leur fût propre, ce qui étoit une portion facrée du corps du Royaume. C'eft ainfi qu'à l'envi les uns des autres, « les poffeffeurs des bénéfices militaires, les Ducs » & les Comtes rendant héréditaires dans leurs familles, » & leurs titres de dignité, & les terres qui formoient » ou leurs appointemens ou leur récompenfe, anéan- » tirent prefque totalement le Domaine de la Cou- » ronne (1) ».

(1) Travail de MM. les Commiffaires du Parlement, nommés par un Arrêt de la Cour pour recueillir les faits & les principes tendans à établir que le Parlement de Paris eft uniquement & effentiellement la Cour des Pairs.

Nous rapportons, nous avons rassemblé sur ce point, on l'a vu , des preuves positives , plus fortes qu'on ne peut communément en présenter sur des faits qui se sont passés dans ces siecles reculés & obscurs.

Or si le Dunois a été un fonds public, a-t-il pu cesser de l'être ? N'est-ce pas une vérité de tout âge que les biens de ce genre sont inaliénables autant qu'imprescriptibles ? N'est-ce pas un principe du Gouvernement monarchique, que les Souverains ne sont point les Propriétaires du Domaine de l'Etat ? Ils en sont les Administrateurs suprêmes, les augustes dépositaires, mais ils ne peuvent ni l'aliéner volontairement, ni le laisser perdre par des usurpations qu'osent faire des Sujets dans des tems malheureux. Les droits publics reprennent leur forces dès l'instant que le nuage qui les couvroit se dissipe ; & même les bienfaits les plus justes des Rois, leurs libéralités les plus légitimes ne peuvent jamais avoir un effet perpétuel.

C'est ce qu'a prononcé la célebre Ordonnance du Domaine , du mois de Février 1566, & elle n'a fait que recueillir & consacrer des maximes nées long-tems avant elle. Cette même Ordonnance avoit été précédée, & elle a été suivie de beaucoup d'Edits semblables. Charles IV en 1322, Philippe de Valois en 1329, Jean en 1360, Charles V en 1364, Charles VI en 1401, Charles VIII en 1484 aux Etats tenus à Tours, François I en 1517, 1539 & 1543, François II en 1559, Charles IX en 1566, Henri III aux Etats de Blois en 1579, Louis XIV en 1667 : Tous ces Souverains ont *révoqué les dons faits par eux & leurs prédécesseurs des membres du Domaine de leur Couronne, soit que ces dons eus*-

Jent été faits pour récompense, rémunération de services, assignations de pensions ou gages, faveurs, graces, bienfaits ou autrement, en quelque maniere, pour quelque tems & à quelque personne que ce fût. Telles sont les loix du Royaume ; & sans doute elles comprennent, à plus forte raison, les usurpations qui auroient été faites sur les Rois & sur l'Etat.

A la vérité, & M. le Président de Saint-Michel en convient, ces principes, quelque vrais qu'ils soient, s'ils étoient toujours pris dans une rigoureuse étendue, pourroient donner ouverture à des recherches, fâcheuses peut-être. Mais c'est-là une considération qui n'appartient qu'à la Cour, dont les lumieres égalent la prudence, de peser & de balancer. Le Président de Saint - Michel montre la regle, c'est à la Cour de l'appliquer suivant sa sagesse. Il est persuadé au moins qu'elle est du plus grand poids, pour peu que d'autres circonstances concourent. Avec quel empressement ne doivent pas être saisis les autres moyens qu'il offre, dès qu'ils peuvent conduire à faciliter un retour au droit primitif ? Rien de plus favorable que le retour des choses au premier état, sur-tout lorsque l'intérêt général s'y réunit. Il est du bien public que les Domaines d'une Nation soient étendus ; plus le trésor de l'Etat est ample, plus il a de ressources pour satisfaire à ses besoins, moins les peuples ont de contributions à supporter. Il n'est point juste que le patrimoine d'une Nation forme la richesse d'un seul.

On ne doit donc pas hésiter un instant à rendre le comté de Dunois à la Couronne qui l'avoit perdu, si sa qualité originaire de bien domanial, s'est dans la suite des tems retracée & renouvellée. On doit le rendre à la Couronne, ſi en portant ſes regards ſur le tems où Charles Duc d'Orléans en a fait la donation à Jean ſon frere naturel, on voit d'une part qu'ils ne le poſſédoit que ſous une loi capable d'opérer un retour au Domaine royal, & d'un autre côté qu'il ne l'a tranſmis lui-même à ſon donataire que ſous une clauſe équivalente de réverſion. Dans le vrai, il ne pouvoit donner cette Terre qu'avec la charge dont elle étoit grevée dans ſa main. Voyons donc quelle étoit cette charge. Par-là on connoîtra ce que pouvoit faire ce Donateur; nous verrons enſuite ce qu'il a fait.

SECONDE PROPOSITION.

Le Dunois, tenu en Pairie par forme d'Apanage, étoit reverſible à la Couronne.

Louis Duc d'Orléans obtint en 1399, du Roi Charles VI ſon frere, le pouvoir de tenir les comtés de Blois & de Dunois en titre de Pairie; il fut déclaré qu'il les tiendroit de la même maniere qu'il tenoit & poſſédoit ſon Apanage; ce ne fut que pour lui, pour la Ducheſſe ſon épouſe & pour leurs enfans, que cette faveur fut accordée : toutes ces diſpoſitions ſont remarquables. Par d'autres Lettres-patentes de 1404, qui réunirent toutes les Terres acquiſes juſqu'alors par Louis d'Orléans, & qui par conſéquent embraſſerent encore le Dunois; le Roi renouvella, en faveur de Louis d'Orléans ſon frere, de la Ducheſſe ſa belle-ſœur, & de leurs enfans mâles, cette conceſſion en

Pairie & en Apanage , & il lui accorda de plus le pouvoir d'établir un Tribunal de Grands-Jours dans celle
de ſes Terres qu'il deſireroit.

Quel effet a dû produire ce caractere éclatant imprimé ſur le Dunois?

Déja il exiſte en France, par rapport aux Duchés , Marquiſats, Comtés, des loix très-préciſes.
Par un Edit du mois de Juillet 1566, le Roi Charles IX a ordonné que *dorénavant il ne ſeroit fait aucune érection de Terres & Seigneuries en Duchés, Marquiſats ou Comtés, que ce ne fût à la charge & condition
que venans les ſieurs Propriétaires deſdites Terres à
décéder ſans hoirs mâles procréés de leur corps en loyal
mariage , icelles* TERRES SEROIENT UNIES ET INCOR-
PORÉES AU DOMAINE, *inſéparablement , encore qu'elles
ne fuſſent d'ancienneté dudit Domaine , & qu'ès Lettres
d'érection il ne fût fait aucune mention de ladite charge
& condition.*

Le même Edit renferme des défenſes expreſſes *aux
Cours de Parlement , aux Chambres des Comptes , & à
tous Officiers , de vérifier aucunes des Lettres d'érection,
ſinon à la ſuſdite charge & condition , quelque commandement , juſſion & dérogation qui y pût être inſérée , leſquelles juſſion & dérogation , nous avons ,* dit le Légiſlateur, *dès-à-préſent , comme pour lors , & pour lors
comme dès maintenant, déclarées & déclarons nulles &
de nul effet & de valeur.*

L'Ordonnance de Blois formée dans les Etats tenus
à Tours en 1579, a renouvellé la même diſpoſition ,
art. 279 : *Voulons & entendons que l'Ordonnance faite
au mois de Juillet 1566, ſur l'érection des Duchés ,*

*Marquisats & Comtés, & union à notre Domaine,
soit inviolablement gardée, nonobstant toutes Lettres de
jussion & dérogation au contraire.* Elle ajoute : *& seront
tenus ceux qui voudront obtenir telles érections, se pur-
ger préalablement par serment si lesdites Terres sont
sujettes à fidéicommis ou substitution, à peine de dé-
cheoir de notre concession, & de privation des autres
Fiefs qu'ils tiendront de Nous.*

Par une Déclaration du 31 Décembre 1581, Henry III rappelle l'Edit de Charles IX. Il dit que *le Roi
Charles avoit voulu* par-là *faire observer le bon ordre
qui avoit été* LONGUEMENT *établi en ce Royaume,
pour le regard de l'érection des Duchés, Marquisats
& Comtés ;* il ordonne en conséquence que *le susdit
Edit ait lieu & soit entierement suivi de point en point,
quelque clause de dérogation irritante qui puisse être
apposée, quelque commandement & itérative jussion qui
puisse être expédiée.*

On a été plus loin ensuite par rapport aux Pairies.
Une derniere Déclaration émanée du même Prince
au mois de Mars 1582, s'est exprimée en ces termes :
*Disons & statuons que doresnavant aucun, de quelque
qualité, dignité & autorité qu'il soit, ne sera par Nous
fait & créé Duc & Pair de France, si sa Terre & ses
annexes ne valent de revenu annuel la somme de huit
mille écus ; & à la charge expresse, & non autrement,
qu'incontinent que celui en la faveur & personne duquel sera faite ladite érection de Duché - Pairie, &
qu'il l'aura acceptée & entré en jouissance, sera dé-
cédé,* SOIT QU'IL AIT ENFANS MALES *ou femelles*

descendans de lui en loyal mariage, ou qu'il n'ait point d'enfans, en quelque sorte & maniere que ce soit, ladite Terre sera jointe, unie & incorporée inséparablement au Domaine de notre Couronne. La même Déclaration défend encore qu'on ait égard à aucune dérogation.

Toutes ces Loix ont été enregistrées au Parlement ; cependant il est vrai que, malgré le Statut prohibitif & irritant qu'elles renferment, la bonté des Rois y déroge souvent. Mais ce qu'il y a de constant, c'est que les dispositions dérogatoires ne sçauroient être trop formelles dans les Lettres d'érection, pour mettre obstacle à la réverfion légale ; & ces claufes dérogatoires font autant de preuves nouvelles de la regle, ce font des hommages rendus à l'autorité de la regle : *Autant de fois que l'on déroge à la Loi, autant de fois on la confirme, & chaque exception singuliere est une nouvelle approbation de la regle univerfelle* (1).

Telle est donc la constitution de notre Droit positif fur cette intéressante matiere. Mais la plus ancienne de ces Ordonnances a pour époque l'année 1566, & il s'agit dans cette Affaire de Lettres d'érection ou de conceffion en Pairie, datées des années 1399 & 1404. Attribuera-t-on à ces Loix un effet rétroactif de 150 ans, fur-tout lorfqu'elles-mêmes, en employant l'expreffion *dorefnavant*, ont témoigné ne vouloir régler

(1) M. d'Aguelleau, Plaidoyer pour le Duché de Piney, tome 3, page 712.

que

que l'avenir ? Ceſt delà que M. le Duc de Chevreuſe tire ſa principale objection.

Il faut, pour la réſoudre, tâcher d'approfondir les principes de cette partie eſſentielle du Droit François. Il faut chercher & dans les Loix générales des Fiefs, & dans les Loix particulieres de la Pairie, des regles qui, ſi elles ſont puiſées dans la nature des choſes, auront néceſſairement été des vérités de tous les tems. Il faut tirer des monumens hiſtoriques les traits de lumiere qui pourront nous éclairer. En un mot le droit de la Pairie & le fait de la Pairie, ſi l'on peut parler ainſi, voilà ce que nous allons faire marcher comme d'un pas égal dans cet examen ; & par là le motif des Ordonnances qu'on vient de voir, ſera ſi ſenſible, ſi clairement connu, qu'au fond l'on concevra qu'elles n'ont fait, comme tant d'autres de nos Ordonnances, que manifeſter avec plus d'éclat une Maxime, qui devoit jouir & jouiſſoit déja d'une autorité réelle.

Pour remplir ce deſſein, il ne paroît point néceſſaire de remonter juſqu'à ces premiers ſiecles de notre Monarchie, où la Pairie ne déſignant qu'une égalité d'état & de miniſtere, & nationale pour ainſi dire, étoit commune à tous les Francs, délibérans & donnant leur ſuffrage dans les aſſemblées de la nation au champ de Mars *. Il ſeroit peut-être plus utile de la conſidérer dans les momens où, devenue féodale, elle appartenoit à tous les vaſſaux d'un même Seigneur. Les Pairs d'alors avoient en effet des traits de reſſemblance frappans avec les Pairs d'aujourd'hui : chargés d'un double ſervice envers leur Seigneur dominant, obligés tout à la

NOTIONS HISTORIQUES.

* Travail de Meſſieurs les Commiſſaires du Parlement.

fois de le fuivre dans fes expéditions militaires, & de l'affifter dans fon Siége de Juftice, Capitaines & Juges, ils femblent donner une idée de ces fonctions des Pairs actuels de la Cour du Souverain, que leur titre deftine à *accompagner le Roi dans fes vaillans faits d'armes, & à le confeiller dans fes hautes affaires.* Mais tous ces tems font encore trop éloignés de nous.

Les changemens continuels, effets inévitables des abus du gouvernement féodal, donnerent une forme nouvelle à la Pairie. « Les diffenfions des Grands éle- » verent au plus haut degré de puiffance, fept d'entre » eux qui partageoient, pour ainfi dire, la France, & » qui, touchés enfin de l'avoir déchirée par des guerres » civiles, s'accorderent tous à réunir, dans la perfonne » d'un feul, les droits & l'autorité du Souverain légi- » time. Tous les titres de juftice & de mérite fe réuni- » rent en faveur de Hugues Capet. La reconnoiffance » & une fage politique ne lui permirent pas de dimi- » nuer l'éclat & la grandeur de leur puiffance. On peut » croire que ce font ces fix Seigneurs qui, avec les fix » Eccléfiaftiques que la fageffe de nos Rois a cru devoir » leur joindre, ont formé les douze Pairs, appellés *les* *douze Pairs de France** ».

Cependant on n'avoit plus de fouvenir en France de la nature des bénéfices des Rois, ni de celle des offices publics ; on n'avoit que des idées fauffes fur les fiefs & fur les dignités. Le fyftême de la patrimonia- lité venoit d'étendre par-tout fon empire, & il avoit attaché aux fonctions le plus effentiellement perfon- nelles un air de matérialité ; les charges les plus impor- tantes étoient devenues l'acceffoire d'une glebe vile &

* Travail de Meffieurs les Commiffaires du Parlement.

groffiere. Ce fyftême , « qui avoit pris fon principe
» dans l'oubli de l'autorité des Rois, n'épargna point
» les droits des Princes de leur Sang ; on méconnut les
» droits imprefcriptibles de leur naiffance : ils ne de-
» voient jouir de la Pairie qu'autant qu'ils poffédoient
» des fiefs en Pairie ; & dans ce cas même ils ne de-
» voient prendre de rang qu'à la date de l'érection de
» leur fief , & fiéger au-deffous de ceux à qui ils ne
» pouvoient jamais obéir , & à qui ils avoient un droit
» éventuel de commander * ».

Les autres abus qui naquirent de-là, furent auffi
révoltans. On a vu des femmes adminiftrer en perfonne la Juftice , fuivant les maximes barbares de ces
fiecles qui faifoient dépendre la décifion d'un point de
droit de l'événement d'un combat fingulier. « On les
» vit prendre en la Cour des Pairs une place dont leur
» fexe les auroit perpétuellement exclufes, fi l'on n'a-
» voit confulté que les loix de la nature & le droit des
» François , qui ne veulent & ne doivent recevoir de
» loix que des hommes. On a vu une Comteffe d'Ar-
» tois affifter à la cérémonie du facre d'un Roi, & fou-
» tenir avec les autres Pairs la Couronne du Mo-
» narque * ».

Tirons le rideau fur ces événemens étranges qui ne
reparoîtront plus : un jour plus ferein va fe lever. Le
Regne de Philippe le Bel eft l'époque mémorable de
deux changemens heureux, l'un fur les Pairies, l'autre
fur les Apanages qui ont la liaifon la plus étroite avec
les Pairies.

Sous ce Prince les fix Pairies laïques commençoient
à s'éteindre en rentrant dans le Domaine royal. Phi-

B ij

lippe le Bel & ſes Succeſſeurs crurent devoir conſerver une dignité ſi éminente. Si des prétentions, qui furent plutôt les erreurs des ſiecles qui les virent éclorre, qu'elles ne furent un défaut dans des cœurs magnanimes qui ont porté ſi loin la gloire du nom François, avoient quelquefois tourné la Pairie contre l'Etat, de plus ſages loix pouvoient ne la rendre qu'utile autant que glorieuſe. Elle ſembloit ajouter à la Couronne même un degré de ſplendeur, elle étoit pour l'utilité publique un inſtrument puiſſant. Que de motifs pour la perpétuer! De nouvelles Pairies ont donc pris la place des anciennes, mais avec cette différence eſſentielle qu'elles ont été conférées par des Lettres patentes. Les premiers Pairs s'étoient créés eux-mêmes, les ſeconds ont été l'ouvrage de la volonté & de la puiſſance des Rois; & ce qui eſt remarquable encore, c'eſt que dans ce ſecond âge de la Pairie, les Princes du Sang Royal ont été les ſeuls qui aient porté ce titre de Pairs : il ſemble que les Rois aient voulu les venger en quelque ſorte de la prééminence que les douze Pairs de France avoient affeétée ſur eux : ils n'ont choiſi les Pairs qu'ils ont faits, que dans leur propre Maiſon ; en ſorte que c'eſt dans le troiſieme âge ſeulement de la Pairie qu'on a communiqué cet honneur ſublime à des Seigneurs particuliers, qui, par l'éclat de leur naiſſance & la grandeur de leurs ſervices, ont été jugés dignes de cette haute récompenſe.

Conſiderantes quòd duodecim Parium qui in regno noſtro antiquitùs eſſe ſolebant, eſt adeò numerus diminutus, quòd antiquus ejus regni ſtatus deformatus multipliciter videbatur. C'eſt ainſi que s'expriment les premieres Lettres patentes d'érection que nous ayons, datées de 1297, & accordées au Comte de Valois, fils puîné du Roi Philippe le Hardi *.

* P. Anfelme, tom. III. pag. 2. M. Henault, regne de Charles VII.

Si la fageffe de Philippe le Bel établit cet ordre pour les Pairies, fa prudente politique traça auffi le plan des Apanages, tel que nous le fuivons aujourd'hui.

Il fut un tems où les filles des Rois portoient en dot des Provinces entieres à leurs époux. Il fut un tems où les fils puînés des Rois divifoient le Royaume avec leur aîné. Il en fut un autre où, par un abus moins grand, mais dangereux encore, ils obtenoient en propriété des terres qui formoient, dans leurs mains, des efpeces de légitimes patrimoniales. Un Arrêt du Parlement, de l'année 1283, convertit ces légitimes héréditaires en des fidéicommis, en des majorats frappés de fubftitution en faveur des defcendans, & chargés d'un retour à la Couronne à défaut d'hoirs. Mais ce n'étoit là encore qu'un premier pas. Il reftoit à favoir fi, dans le nombre des hoirs du Prince apanagé, les femelles ne devoient point être comprifes comme les mâles. Philippe le Bel, par un Codicile de l'année 1314, diffipa le doute, & ordonna que les terres d'apanage retourneroient de plein droit au Domaine, dès que la ligne mafculine s'éteindroit. Ces loix falutaires n'ont pas reçu depuis l'atteinte la plus légere *.

* M. Henault, regne de Philippe le Hardi & de Philippe le Bel.

Voilà deux établiffemens politiques qui ont concouru & fe font formés à la même Epoque. Les Souverains créoient des Pairies par des Lettres émanées de leur autorité, & ils les créoient ainfi en faveur des feuls Princes de leur Sang : c'étoit auffi aux feuls Princes du fang royal que les Apanages étoient donnés. En cet état, il parut naturel de former ces Pairies nouvelles sur le modele des Apanages, dont les principes venoient d'être éclaircis & fixés. C'étoient des Fils de France que l'on inftituoit Pairs. On les inftituoit Pairs, parce que ce titre étoit le plus éclatant de tous ceux qu'un Roi pouvoit conférer à un Prince de fa Maifon. On les inftituoit Pairs avec des Terres qui le plus fouvent étoient détachées en leur faveur du Domaine royal. Encore une fois, il n'y avoit rien de plus raifonnable que de régler par les mêmes Loix & les Pairies & les Apanages.

On laiffa feulement fubfifter dans le fait une différence; c'eft que les Apanages étoient effentiellement mafculins, au lieu qu'on a vu & qu'on voit encore des Pairies féminines. Mais que fignifie cette expreffion? Il ne s'enfuit point que les femmes puiffent remplir perfonnellement les devoirs attachés à ce grand Office de la Couronne; ces fonctions, incompatibles avec leur fexe, leur ont été à jamais interdites. Tout ce qui peut leur être permis, c'eft de porter au Seigneur qu'elles époufent, le droit de fe faire recevoir Pair, en vertu de Lettres de confirmation, qui ne donnent au mari d'autre date & d'autre rang que celui de fa récepception. Encore ces faits, affez rares, n'arrivent que par une grace fpéciale du Roi, & par une forte d'exception qui n'empêche point que la regle ne foit de regarder les Pairies du même œil que les Apanages.

C'eft delà, c'eft de cette conformité de la Pairie avec l'Apanage, que réfulte notre premiere preuve, à laquelle il eft facile d'imprimer tous les caracteres d'une démonftration.

Premiere Preuve.

Les Lettres-patentes accordées à Louis Duc d'Orléans en 1399 & en 1404, portent que *les Terres par*
lui acquifes, du nombre defquelles étoient les Comtés
de Blois & de Dunois, *feroient tenues par ce Prince en*
Pairie, ainfi & de la maniere qu'il poffédoit fon Apa-
nage. Cette claufe ne fauroit être une claufe inutile.

Déja M. le Duc de Chevreufe convient que même
avant l'Edit de 1566, les Fiefs décorés par les Rois
d'un titre de dignité, étoient reverfibles à la Couronne,
fi dans le diplôme de l'éreƈtion il fe trouvoit quelque
claufe qui indiquât le droit de retour au Domaine public : or voilà une difpofition de cette qualité, inférée
dans les Lettres de 1399 & de 1404.

On oppofe en vain que les Comtés de Blois & de Dunois étoient des Terres patrimoniales dans la main du
Duc d'Orléans qui en avoit fait l'acquifition, qu'elles
n'étoient pas des biens d'Apanage. Sans doute, elles
n'étoient pas un Apanage réel ; mais la conceffion en
Pairie, la ftipulation que la Pairie feroit tenue comme
un Apanage, en a formé un Apanage fiƈtif, fujet à la
loi de réverfion, comme l'Apanage le plus véritable.

En effet, on vient de voir que les premieres Pairies
créées en faveur des Princes du Sang, ont été formées
fur le modele des Apanages. On a vu auffi que le principe de la réverfion s'établit naturellement alors, parce
que les Terres ainfi concédées en titre de Pairie, étoient
le plus fouvent domaniales de leur nature. Or ce principe une fois formé, a eu lieu, comme par une fuite

également naturelle, même pour les Terres patrimoniales que le Prince du fang defiroit faire revêtir de ce
titre brillant de Pairie. Ce même principe a dans la
fuite encore étendu fon effet jufques fur les Seigneurs
qui afpiroient à la dignité de Pairs. Il a fucceffivement
encore étendu fon pouvoir jufques fur les Fiefs érigés
en leur faveur en fimples Duchés, en fimples Marquifats, en fimples Comtés. Tout a plié fous la Loi domi-
nante de l'Apanage, & telle a été la marche de la Jurifprudence.

Pour faire voir que l'on n'avance rien ici au hafard, on
va employer le témoignage du grand d'Agueffeau, dans
ce Plaidoyer immortel qu'il prononça en 1696 fur la
Duché-Pairie de Piney-Luxembourg. On diroit que
cet illuftre Magiftrat, defirant graver dans le fouvenir
des hommes les vraies maximes de notre Droit public,
a voulu déployer dans cet ouvrage célebre, tout ce que
le favoir, la profondeur des recherches & l'éloquence
du ftyle pouvoient fuggérer de plus intéreffant à un
génie tel que le fien.

*Si l'on confidere que la plûpart des Pairies qui ont été
érigées depuis Philippe le Bel, ont été données à des Enfans de France . . . . & qu'ainfi* L'ON S'EST ACCOU-
TUMÉ PEU A PEU A CONFONDRE L'APANAGE AVEC LA
PAIRIE, COMME IL PAROÎT MÊME QUE NOS ROIS ONT
FAIT DANS QUELQUES-UNES DE LEURS LETTRES, *il
fera facile de reconnoître le progrès infenfible de ce droit,
qui a rétabli les Pairies dans leur état naturel* *.

*Les Apanages rendus effentiellement mafculins, les
Pairies qui leur font attachées,* DEVENUES DE MÊME
NATURE, LES CONSÉQUENCES NATURELLES QUE L'ON

* Plaidoyer de
M. Dagueffeau
pour le Duché
de Piney, page

A DU EN TIRER A L'ÉGARD DES PAIRIES ÉRIGÉES *en
faveur des Particuliers, c'eſt le premier degré de cette
nouvelle Juriſprudence.* Page 723.

*On conſidere les Duchés comme une eſpece d'*APA-
NAGE *ſéparé pour un tems du patrimoine ſacré de nos
Rois, mais qui conſerve toujours ſa premiere nature ; il
tend à y rentrer, & à ſuivre les mêmes Loix que le Domaine de la Couronne.* Pages 740 & 741.

A cette autorité ſi reſpectable il s'en joint une qui
eſt perſonnelle, pour ainſi dire, à M. le Duc de Chevreuſe. MM. les Pairs de France ont ſoutenu en 1738
une Affaire contre le Comte d'Agenois-Richelieu,
pour la Comté-Pairie d'Aiguillon. M. le Duc de Luynes étoit du nombre des Parties contendantes. Un
Mémoire parut, tant en ſon nom qu'au nom des autres Pairs. On y lit :

*Comme avant le regne de Louis XII il n'avoit été
érigé aucune Pairie qu'en faveur des Fils de France ou
des Princes du Sang,* on reconnut LA NÉCESSITÉ D'ÉTA-
BLIR LES MÊMES REGLES POUR LES PAIRIES QUE POUR
LES APANAGES. . . . *Quand on dit que* LES PAIRIES,
*même les Pairies nouvelles, dans l'état où elles ſont au-
jourd'hui,* SONT *de véritables* APANAGES, *& que leur
ſort doit ſe régler par le même principe que le ſort des
Apanages,* C'EST UNE VÉRITÉ A L'ÉVIDENCE DE LA-
QUELLE ON NE PEUT SE REFUSER.

Nul ne peut mieux que le Corps auguſte des Pairs,
connoître la nature de leurs dignités, & nul ne ſeroit
plus qu'eux intéreſſé à douter de la réverſibilité de leurs
Terres ; cependant quelle énergie dans cette aſſertion !
Quand on dit que les Pairies ſont des Apanages, & que

C

leur fort doit se régler par le même principe, c'est une vérité à l'évidence de laquelle on ne peut se refuser.

Par-là on doit sentir toute la force de la Claufe que renferment les Lettres de 1399 & de 1404; il n'est plus permis d'élever d'équivoque à cet égard. Puifque les Pairies ont été affimilées aux Apanages, puifque fouvent nos Rois ont voulu, a dit M. d'Aguefeau, les confondre dans leurs Lettres; puifqu'on a reconnu la néceffité, ont dit MM. les Pairs, de les foumettre aux mêmes regles, toute interprétation contraire au texte des Lettres de 1399 & de 1404, feroit hafardée & fauffe. On doit prendre la claufe dans fes propres termes. Le Roi a permis à Louis Duc d'Orléans, fon frere, de tenir le Comté de Dunois en Pairie, comme il tenoit fon Apanage; il poffédoit fon Apanage à la charge d'un retour à la Couronne : donc il a poffédé le Dunois à la charge d'un retour à la Couronne. On n'a point inféré en vain une claufe fi marquée, dans le titre particulier de Louis d'Orléans; il faut lui donner un fens, un effet, & ce fens ou cet effet ne peut être abfolument que celui qui réfulte de l'énergie naturelle des expreffions, & qui fe trouve en même tems autorifé par le Droit commun.

Tous les monumens les plus remarquables du même tems, achevent de démontrer la relation intime de la Pairie avec l'Apanage.

En 1483 les Comtes d'Armagnac, héritiers, en qualité de neveux maternels, de Charles d'Anjou, Roi de Sicile, réclament fa fucceffion en France; mais, en la réclamant, ils déclarent qu'*ils n'entendent aucune* *chofe demander de ce que Charles d'Anjou avoit tenu en*

Pairie & Apanage, ne semblablement de ce qui seroit trouvé être de notredit Domaine. Ainsi s'expriment les Lettres du Roi Charles VIII. Ces Neveux maternels ne révendiquent les Terres sur lesquelles portoit leur demande, que parce que *lesdites Terres dont leur Oncle étoit mort saisi & vêtu, étoient non tenues en Pairie & Apanage de France, ne venues de la Couronne.* Une Terre pouvoit donc, quoique *non venue du Domaine,* appartenir au Domaine ; & elle lui appartenoit, quand elle avoit été tenue *en Pairie & Apanage* *.

Dans la Maison même de Longueville, Louis XII érigea en 1505 le Comté de Longueville en Duché, en faveur de François de Dunois, petit-fils de Jean Bâtard d'Orléans. Ce Comté de Longueville avoit été donné par le Roi Charles VII. Mais la Baronnie d'Auffay étoit patrimoniale : cette Baronnie fut jointe au Duché. Il fut dit dans les Lettres d'érection, que François de Dunois & ses descendans jouiroient comme *les autres tenans les Duchés EN APANAGE;* & en conséquence le Roi se réserva le retour du Duché & de la Seigneurie d'Auffay, au défaut d'hoirs mâles *.

En 1519, érection du Roannois en Duché-Pairie. Les Lettres portent que ce Duché sera sujet *à retour,* comme *Terre baillée en Apanage* *.

En 1565 la Vicomté d'Uzès est érigée en Duché. On lit dans les Lettres, que le Comte de Crussol tiendra ce Duché comme les autres Ducs du Royaume *tenans les Duchés EN APANAGE de Nous.* Ce n'est qu'après cette clause qu'est stipulé le retour à la Couronne, au défaut d'hoirs mâles. Le même Duché fut érigé en Pairie en 1572. Il fut déclaré dans les Lettres,

* Godefroi, historiog. du Roi, édit. de 1684, p. 387.

*P. Anselme, tom. 5, p. 532.

*P. Anselme, tom. 5, p. 293.

qu'il pourroit tenir lieu *de partie d'APANAGE* pour les derniers Enfans de France *.

* P. Anfelme, tom. 3, p. 739 & fuiv.

On le voit, l'expreffion d'*Apanage* fe trouve partout appliquée à des Fiefs, quoique patrimoniaux, pour en indiquer la réverfibilité à la Couronne.

Louis Duc d'Orléans lui-même avoit confenti & fouhaité que dans fon propre Apanage du Duché-Pairie de Touraine, & des Comtés de Valois & de Beaumont fur Oyfe, on confondît des Villes, des Châteaux & des Terres que tenoit Blanche de France, Duchefle d'Orléans, fa tante, *tant* DE SON PATRIMOINE QU'A TITRE DE DONATION *pour noces*. C'eft ce qu'on voit dans des Lettres-patentes de 1386. Tous ces objets furent foumis à une loi commune de reverfion, & la même difpofition fut répétée dans des Lettres de 1392, par lefquelles la Duché-Pairie d'Orléans fut donnée en Apanage au même Prince, au lieu du Duché de Touraine que le Roi reprit *.

* Ordon. du Louvre, par Mᵉ Secoufle, t. 7, p. 467 & 468.

Ainfi tout prouve que les conceffions en Pairie prenoient naturellement la forme des Apanages, en contractoient la nature, en fubiffoient les effets, le tout bien avant l'Edit de 1566.

Inutilement obferve-t-on de la part de M. le Duc de Chevreufe, que les Lettres d'érection de Longueville, du Roannois, d'Uzès, renferment une claufe formelle de retour à la Couronne : cela eft vrai.

Mais, premierement, auroit-on fongé à inférer une pareille ftipulation, fi elle n'eût été établie fur quelque ufage reçu, fur quelque regle de féodalité ?

Secondement, à la claufe de retour fe trouve unie la claufe d'Apanage, dont l'autre paroît n'être qu'une fuite & qu'une conféquence.

En troifieme lieu, dans les Lettres de 1483, relatives aux Terres réclamées par les Comtes d'Armagnac, il n'étoit fait mention d'aucune claufe de retour ; c'étoit par la force feule de la tenure *en Pairie & Apanage,* que ces Neveux regardoient comme appartenant à la Couronne, les Fiefs honorés de ce titre.

En quatrieme lieu, il eft un autre exemple frappant pour la Bretagne. Philippe le Bel l'érige en Duché-Pairie. Yolande de Dreux, époufe du Pair, s'en inquiete ; elle craint que cette conceffion ne porte du dommage à fes droits & à ceux de fes enfans. Elle préfente une Requête au Roi, *en fe complaignant.* Le Roi lui donne en 1309 une Déclaration, portant que comme le mariage avoit été célébré *avant fon Ordonnance de ladite Pairie,* il vouloit que cette Ordonnance ne changeât point la condition de la femme ni celle de fes enfans, & que la Coutume de Bretagne *leur fût gardée en la maniere qu'elle étoit au jour qu'il en avoit fait Pairie* *. Ainfi il fallut une dérogation de la part de ce Prince : il y avoit donc une regle préexiftante.

* P. Anfelme, tom. 3, p. 59.

En cinquieme lieu, on verra bientôt le Roi Louis XII lui-même reconnoître authentiquement cette grande maxime fur laquelle on répand aujourd'hui des doutes. C'eft fur les Terres même acquifes par Louis d'Orléans, que ce Souverain a porté fon Jugement ; ce font ces Terres mêmes qu'il a annoncé être devenues des annexes de la Couronne, uniquement parce qu'elles avoient été marquées au caractere de la Pairie & de l'Apanage. Mais il n'eft pas tems encore de développer cet événement, qui feul nous adminiftrera un Moyen particulier, fupérieur à toute contradiction.

Quant à préfent il eft avoué que dans tous les tems la conceffion ou l'éreƈtion en Pairie, a dû appliquer au Domaine de la Couronne les Terres même patrimoniales, pourvu que les Lettres continffent une difpofition propre à favorifer ce retour. Or les Chartes de 1399 & de 1404, en renferment une bien expreffive, déterminée dans fon objet par l'Hiftoire & par la Jurifprudence de la Pairie, fixée dans fon fens par beaucoup de diplômes femblables & contemporains. Que faut-il donc de plus?

Elles renferment une autre difpofition bien énergique, en ce que la Pairie dont il s'agit n'a été concédée qu'au Duc d'Orléans, à la Duchefle fa femme, & à leurs enfans. Il fuit delà, en termes de Droit féodal, qu'après la mort de ces feudataires, le Fief a dû retourner au Seigneur concédant: c'eft ce que nous aurons foin d'expliquer. Mais auparavant il faut paffer à notre feconde preuve.

Seconde Preuve.

L'Edit de 1566, l'Ordonnance de Blois de 1579, la Déclaration de 1581, ne parlent que des Duchés, des Marquifats & des Comtés. Toutes ces loix gardent le filence fur les Pairies. Quelle peut en être la raifon? Quoi! les Pairies n'étoient-elles pas d'un ordre bien fupérieur à ces autres Fiefs de dignité? Le même Monarque, auteur de l'Ordonnance de 1579, & de la Déclaration de 1581, a regardé la Pairie comme devant être tellement diftinguée du Duché, du Comté, du Marquifat, que par fa derniere Déclaration de 1582, il a ordonné que dès le moment que la mort viendroit fermer les yeux au Pair de France, quand même il laisseroit des fils, des enfans mâles dignes de le représenter, la Terre s'uniroit à jamais au Domaine public. L'excellence de la Pairie l'a donc fait soumettre à une loi particuliere, plus rigoureuse en apparence, plus honorable dans le fond que celle qui régit les autres Terres titrées.

Delà, & puisque les Duchés, les Marquisats & les Comtés ont été frappés du droit de réversion en 1566, sans que l'Edit se soit expliqué pour les Pairies, il falloit que les Pairies, plus éminentes, y fussent déja sujettes. On vient de le reconnoître effectivement par l'histoire & par le fait ; mais il faut ici s'en convaincre par le droit, par l'examen de ces rapports qui, dérivant de la constitution des choses, en forment l'essence toujours immuable.

Une Pairie est composée d'un Office & d'un Fief. Une Pairie est formée sur le modele de la Couronne : deux considérations qui ne sauroient être pesées trop attentivement.

D'abord les Pairs de France, comme les autres Officiers, exercent des fonctions publiques. Ils ont besoin, pour les exercer, d'un caractere public, ils le reçoivent par les mains des Ministres de la Justice. Conseillers du Roi dans ses importantes affaires, Membres de sa Cour capitale, obligés de s'y rendre lorsqu'ils y sont appellés, autorisés à s'y rendre, même sans y être appellés, & à connoître de toutes sortes de Causes, reçus & installés après une information juridique, ils possedent tout ce qui caractérise un Juge, un Magistrat. Voilà l'Office.

A cet Office est annexée une Terre considérable que

le Monarque a inféodée, qui conftitue le Pair Vaſſal immédiat de la Couronne, & pour laquelle il doit au Roi un hommage diftinct du ſerment qu'il doit à la Juſtice. Voilà le Fief.

La Pairie, diſoit M. Dagueſſeau, *eſt un ſeul Tout, compoſé de droits perſonnels & de droits réels, de Domaine & de dignité, de corps & d'eſprit* *.

Or l'Office retourne inconteſtablement à la Seigneurie publique, lorſqu'il n'exiſte plus perſonne capable de l'exercer.

Dans les Charges ordinaires, le choix du Souverain n'a pour objet qu'une ſeule perſonne; dans les Pairies, le choix du Prince beaucoup plus étendu, comprend tous les deſcendans qui ſont pour ainſi dire inſtitués & appellés dans la perſonne de leur pere. Mais ce que la mort de chaque Officier produit dans les dignités ordinaires, l'extinction de la maiſon du Pair, le produit à l'égard de cet Office qui eſt le faîte des honneurs. Les autres Offices retournent à leur ſource, ils rentrent dans la main du Roi, ils rentrent dans ſon Domaine ; car ils ſont une portion de ſon Domaine le plus noble, c'eſt-à-dire de ſon autorité, de ſa puiſſance, de ſa juſtice ſouveraine. De même les dignités de Pairs de France ſe réuniſſent à leur principe lorſque leur poſtérité eſt éteinte.

Mais que deviendra le Fief après cette réunion de l'Office à la Seigneurie publique? Il ſuivra néceſſairement l'Office, ils doivent rentrer tous deux dans le Domaine Royal. Et pourquoi? Parce que l'Office & le Fief forment dans la Pairie un tout indiviſible. Si ces deux ſubſtances n'y ſont pas confondues, elles ſont

au

* Pag. 696.

au moins unies inséparablement, & dans cette union, c'est l'Office qui est le principal, le Fief n'est que l'accessoire ; car l'Office est la dignité de la personne, & la personne doit l'emporter sur la chose qui est faite pour elle : *Beneficium datur propter Officium.* Or c'est un principe vrai en toute matiere que l'accessoire suit le sort du principal. *Semper accessorium cedit principali.*

Cette conséquence a été tirée par l'illustre d'Aguesseau. *Dans la Pairie, la dignité à laquelle le Fief est élevé, le rapproche du Domaine de la Couronne ; … & à moins que le Roi par une pure grace, plutôt que par un principe de justice, n'en conserve la propriété aux femelles, la Terre ne peut survivre à la dignité, elle se réunit avec elle au Domaine public* *.   † Page 726.

C'est parce que le Fief est l'accessoire de la dignité, que la dignité étant réunie à la Seigneurie publique, la Terre par la même raison doit se rejoindre au Domaine de la Couronne *.   * Page 732.

Ainsi, premier motif puisé dans la nature même de la Pairie, & résultant de l'union des deux êtres qui la constituent.

La seconde raison dérive des attributs essentiels de la Pairie, & appartient en même-tems à l'ordre politique.

Les expressions les plus magnifiques ont été employées pour peindre la grandeur de la dignité des Pairs de France.

Dans les Lettres d'érection du comté de Mâcon de 1359, * le Roi expose que les Pairs ont été institués *ad conservationem honoris Coronæ Franciæ, ad consilium & juvamen Reipublicæ, ut Regi in arduis consiliis*   * P. Anselme, tom. 5, p. 224.

D

Et judiciis assisterent, & in factis armorum strenuè Regem ipsum paritate fideli inter collaterales suos splendidiùs comitarent.

Delà les titres de Conseillers naturels du Roi, d'Assesseurs du Roi.

Parmi les Pieces concernant le duché de Bretagne, & dans les écritures d'un ancien Procès, on trouve ces définitions *. *Pares Franciæ debent judicare cum Rege, & defendere Coronam.*

Pares sunt quasi Patroni & Consiliarii Regis, & quasi gemmæ Coronæ Regni.

Ducatus Britanniæ est una portio Domanii Coronæ Franciæ.

Paëria & Pares Franciæ sunt membra Regni & Coronæ.

Les Pairies brillent à côté du Trône, de l'éclat qu'elles en reçoivent & qu'elles réfléchissent ; elles sont comme les pierres précieuses de la Couronne ; elles sont des rayons de ce soleil qui éclaire la France ; elles sont des membres & de la Couronne & du Royaume.

M. d'Aguesseau, après avoir tiré différentes conséquences de ses principes, finit par dire : *Nous ne pouvons nous dispenser de remarquer que toutes ces conséquences sont autant de traits éclatans qui retracent tous les jours cette idée, non-seulement noble, mais véritable, que les Pairies sont créées sur le plan & sur le modele du Fief dominant, c'est-à-dire de la Couronne *.*

Puisque les Pairies sont une image en quelque sorte de la Couronne, puisqu'elles sont des membres de la Couronne, il s'ensuit qu'elles doivent se gouverner par les mêmes loix qui gouvernent la Couronne.

Déja en effet on ne doute plus que les Offices de Pairs de France ne foient, comme la Dignité royale & fuprême, eſſentiellement maſculins; on ne doute point que la Pairie ne foit, comme la Couronne, affeᶜtée perpétuellement aux aînés, quoique les Lettres n'en faſſent aucune mention, & quand même il exiſteroit un mâle plus proche du dernier poſſeſſeur de la Pairie. On ne doute point que les Pairies ne foient, comme la Couronne, indiviſibles, inaliénables, & incapables de tomber dans le commerce, fans ceſſer au moment même d'être des Pairies. Ne doivent-elles donc pas auſſi imiter la Couronne, en ce qui concerne l'application au Domaine public de la Terre du Poſſeſſeur?

Un Prince, au moment qu'il monte fur le Trône, perd la propriété de tous les Fiefs qui lui appartenoient, ils fe réuniſſent de plein droit au Fief dominant, fans qu'aucune déclaration contraire puiſſe mettre obſtacle à cette conſolidation légale. Quelle en eſt la raifon, & nous eſt-il permis de la pénétrer? C'eſt que toute la perſonne du Prince prend un caraᶜtere public, elle devient toute entiere le bien de l'Etat; le Prince fe fait une gloire de ne vivre plus que pour la Monarchie, dont il eſt le fils, le pere & l'époux. Puifque fa perfonne facrée appartient à l'Etat, c'eſt une fuite que les Terres attachées à fa perſonne s'incorporent au Domaine de l'Etat.

N'en doit-il pas être de même de la Terre d'un Pair de France? A la vérité il ne femble pas qu'un Officier, parce qu'il fe dévoue au fervice de fa patrie, doive éprouver quelqu'atteinte dans fes droits de propriété. Auſſi ne prétendons-nous point qu'un Seigneur

élevé à la dignité de Pair, souffre une altération générale dans ses possessions; mais il s'agit de cette Terre
qui a été attachée à son Office éminent; de cette
Terre qui formant avec son Office un tout indisso-
luble, a dû nécessairement prendre une qualité aussi
publique que l'Office auquel elle a été ajoutée: elle
doit donc être aussi un patrimoine de l'Etat. *Paëria &*
Pares sunt membra Regni & Coronæ. Il n'est pas possible qu'il y ait pour un Membre des regles différentes
de celles qui sont établies pour le Chef. Et est-ce acheter trop cher un honneur qui approche de si près un
Sujet de la Couronne?

Les deux points de vue sous lesquels on vient d'envisager la Pairie, lui sont propres, comme on le con-
çoit. Cette union intime d'un Fief avec un Office,
ces rapports marqués avec la Couronne, ne sont point
des motifs qui puissent être applicables aux autres Terres
titrées. Par conséquent l'Edit de 1566, qui a réglé le
sort des Fiefs d'un ordre moins élevé, n'est point une
loi qu'on puisse appliquer à la Pairie. On doit au con-
aire regarder cet Edit, comme ayant étendu aux
Duchés, aux Marquisats & aux Comtés, une regle
déja établie pour la Pairie, une regle qui dut toujours
exister, comme fondée dans le droit inhérent, pour
ainsi dire, à la constitution de cette dignité.

T R O I S I E M E P R E U V E.

Mais il se présente ici une autre preuve, capable de
dissiper tous les doutes, d'entraîner tous les suffrages.
Ce sont les Loix féodales les plus pures, ce sont les
principes même de la matiere des contrats, qui la pré-

fentent à quiconque veut faire ufage de fa réflexion.
Si nous parvenons à lui donner la force dont elle eſt
fufceptible, il ne s'agira plus de calculer les années
qui ont pu s'écouler dans l'intervalle des Lettres-patentes de 1399 & de 1404, à la publication de l'Edit
de 1566 : Car cet argument établira, même à l'égard
des Duchés, des Marquifats & des Comtés, que l'Edit
de 1566 n'a réellement fait que déclarer une loi de
réverfion qui étoit déja une conféquence néceffaire de
l'érection de ces Terres. Et alors, quoi de plus jufte
que l'effet rétroactif qu'on lui attribueroit? Combien
n'avons-nous pas de loix, fur-tout dans les matieres
politiques, que la Jurifprudence a appliquées à des tems
antérieurs? La Légiflation a été long-tems négligée en
France. L'autorité de l'Ordonnance du Domaine, par
exemple, rétrograde bien au-delà de fa date, bien au-
delà des Ordonnances précédentes qui avoient auffi
prononcé l'inaliénabilité des biens de l'Etat. Dans cette
Ordonnance même on ne déclare Domaine royal,
que celui qui a été expreffément confacré à la Couronne, ou qui a été adminiftré pendant dix ans par les
Receveurs. On n'y parle point de cette union tacite
qui s'opere à l'avénement d'un Roi, de tous les Fiefs
qu'il poffédoit auparavant : cependant on place aujour-
d'hui cette regle au rang des regles les plus anciennes.
Les Apanages n'ont été long-tems jugés mafculins,
qu'en vertu d'un Codicile de Philippe le Bel. Nos maximes les plus belles, nos maximes d'Etat ne font
pour la plûpart écrites que dans nos efprits & dans nos
cœurs. Lors donc que la réverfion des grands fiefs à la
Couronne intéreffe de fi près l'ordre & le bien public,
quelle difficulté pourroit-on trouver à la regle, d'après

les décisions générales & toujours vraies du droit féodal & du droit des contrats?

Voici donc cette preuve que nous ne craignons
point d'annoncer comme décisive.

L'érection d'une Terre renferme un traité tacite.
Le Propriétaire de cette Terre est censé l'apporter entre
les mains du Roi, il est censé s'en défaisir : le Roi la
reçoit, il y répand un rayon de sa gloire : la Terre sor-
tant & plus belle & plus pure, prend le caractere que
la Puissance royale lui a imprimé. Ainsi l'érection d'un
Fief de dignité est une inféodation ; elle est tellement
une investiture nouvelle, que dès l'instant l'ordre
des mouvances est changé, il s'opere une dévolution à
la Tour du Louvre; le nouveau Possesseur n'est plus
Vassal que de la Couronne.

Mais pour que cette réinféodation se forme & se
réalise, il est nécessaire de supposer une concession de
la part du Seigneur dominant, qui est le Roi; & pour
supposer une concession du Roi, il faut admettre une
expropriation antérieure de la part du Vassal. Par-là
le Domaine royal acquiert, le Domaine royal concede;
mais ce que le Domaine a une fois acquis est inaliénable, ce que le Domaine concede est sujet à un retour
perpétuel à la Couronne.

Vous desirez illustrer votre Terre, vous ne le pou-
vez qu'en en changeant la nature, & cette métamor-
phose ne peut s'opérer que par la voie de l'inféodation. Mais toute inféodation suppose une donation de
la part du Seigneur qui inféode; vous soumettez donc
votre Terre au Domaine, qui ne peut jamais donner
que pour un tems; ou pour mieux dire, vous la dédiez

à l'Etat, & cette deſtination noble qu'elle contracte eſt pour vous une récompenſe autant qu'une charge.

Il faut entendre ſur ce point les expreſſions éloquentes & majeſtueuſes de M. d'Agueſſeau.

Telle eſt la loi de l'érection des Duchés, que le Prince commence par réunir pour un moment à ſon Domaine les Terres qu'il veut élever à cet honneur. Il ſemble que ſans cela elles ſeroient indignes de cette noble prérogative ; poſſédées par les particuliers, elles contractent une eſpece d'incapacité d'être honorées de ce titre ; il faut qu'elles retournent dans les mains du Roi, & qu'elles acquierent par-là ce degré de perfection qui n'étoit autrefois accordé qu'aux démembremens que le Roi faiſoit lui-même de ſon Domaine.

C'eſt ſur ces principes qu'eſt fondée la loi de la réunion. On conſidere les Duchés comme un eſpece d'Apanage ſéparé pour un tems du patrimoine ſacré de nos Rois, mais qui conſerve ſa premiere nature. Il tend à y rentrer, & à ſuivre les mêmes loix que le Domaine de la Couronne *.

* Pag. 740 & 741.

Ailleurs : *le Roi a regardé les Duchés, les Comtés & les Marquiſats comme des Terres qui rentroient en quelque maniere dans ſon Domaine, pour y recevoir un nouveau titre d'inféodation ſi noble & ſi éclatant, qu'il a la force d'imprimer à ces fiefs le ſceau & le caractere du Domaine public : il les fait preſque conſidérer comme des Apanages ; & la réverſion à la Couronnne, au défaut de deſcendans mâles, eſt le prix & la condition de ce nouveau titre dont ils ſont décorés* *.

* Pag. 709 & 710.

On lit dans le Mémoire de MM. les Pairs de France, imprimé en 1738 : *La Terre érigée en Pairie, doit* ıııème , à l'égard des Pairies nouvelles , être confidérée comme un démembrement du Domaine de la Couronne. Il eſt vrai que dans la plupart des Pairies nouvelles , le fief n'eſt pas , comme dans les anciennes Pairies , réellement démembré du Domaine , mais il en eſt réputé démembré par une fiction. Le vaſſal qui obtient l'érection de la Pairie , & qui préſente au Roi la Terre , eſt cenſé la remettre entre les mains du Roi qui la lui accorde de nouveau , par un titre d'inféodation ſi excellent , qu'il change en même tems & la nature de la Terre , & l'ordre des mouvances. C'eſt ſur ce principe qu'eſt fondée la diſpoſition de l'Edit de 1566 , & des autres loix du Royaume , ſuivant leſquelles les Terres érigées en Duchés doivent être réunies à la Couronne après l'extinction des deſcendans mâles.

Sans cela , ajoute un Mémoire de M. le Duc de Sully imprimé en 1729, *comment auroit-on pu ordonner la réunion des Terres au Domaine , ſi l'on n'eût pas préſumé qu'elles y avoient été réunies lors de l'érection ?*

La réunion, diſent MM. les Commiſſaires du Parlement dans leur Ouvrage, dont le dépôt au Greffe de la Cour a été ordonné , les Princes & Pairs y ſéans , *la réunion eſt la condition de l'érection du Fief en Pairie , parce qu'il ſemble alors rentrer dans le Domaine royal pour y recevoir un nouveau titre d'inféodation ſi noble & ſi éclatant, qu'il a la force d'imprimer à ces fiefs le ſceau & le caractere du Domaine poblic*; ce qui leur en fait contracter l'inaliénabilité (1).

L'opération qui ſe fait dans l'érection d'une Terre

(1) Travail de MM. les Commiſſaires du Parlement.

ſemble

femble nous retracer cet ufage de l'antiquité, dont Mar-
culfe nous a confervé la formule.

Lorfque le poffeffeur d'un aleu afpiroit à jouir des
privileges attachés aux fiefs , ou qu'il vouloit s'acquérir
dans le Prince un protecteur contre les Seigneurs voi-
fins , il convertiffoit fon propre en un bénéfice. La
Terre étoit remife au Prince , le Prince la recevoit en
don, & la rendoit en ufufruit (1).

Mais peut-être ne regardera-t-on ces premieres réflexions, quoiqu'appuyées fur des autorités fi graves, que
comme des fictions brillantes, comme des métaphores
ou des allégories. Il faut faire voir que ce font des
vérités marquées au coin d'une exactitude, pour ainfi
dire , mathématique.

La création d'une Pairie produit une dévolution de
mouvance à la Couronne , le Roi acquiert la mouvance. Qu'eft-ce que renferme cette idée ? La mouvance eft le Domaine direct, & c'eft du Domaine
direct que dépend le Domaine utile. Le Domaine direct eft une vraie propriété, une propriété fupérieure ;
le Domaine utile eft auffi une propriété , mais infé-
rieure & fubordonnée. Le Roi devient donc d'abord
propriétaire direct. Il eft fubrogé aux droits du précédent Seigneur dominant, & ce précédent Seigneur
étoit celui qui avoit concédé le Domaine utile du

____

(1) Ideò veniens ille Fidelis nofter , ibi in palatio noftro , villas fitas in
pago illo , fuâ fpontaneâ voluntate nobis per fiftucam vifus eft Werpiffe ,
vel condona'fe , in eâ ratione , fi ita convenit, ut dum vixerit, fub noftro
beneficio debeat poffidere , & nos ipfas villas Fideli noftro illi , plenâ gra-
tiâ vifi fuimus conceffiffe & conceffimus , hoc eft.... ufufructuario or-
dine debeat poffidere ... Et poft ejus difceffum , fuis pofteris, aut cui vo-
luerit ad poffidendum relinquat. *Formul.* 13. Ces derniers mots n'excluent
point l'idée de l'ufufruit ; les fucceffeurs n'étoient, comme le premier
conceffionnaire , que des ufufruitiers.

E

fief. On donne, ou l'on doit donner une indemnité au premier Seigneur. Le Roi prend fa place : c'eft donc le Roi qui devient le Seigneur concédant du Domaine utile. Mais de 'quelle maniere le concede-t-il à fon tour ? S'il le donnoit, ou s'il pouvoit le donner à fon nouveau vaffal à perpétuité , il pourroit s'opérer un retour ou une réunion au Domaine direct feulement dans les cas ordinaires , tels que le cas de commife. Mais fi le Roi ne rend le fief à fon nouveau feudataire que pour lui & fes defcendans, il eft de toute néceffité que lorfque la poftérité de ce feudataire vient à s'éteindre, le Domaine utile fe rejoigne au Domaine direct. La Terre a été apportée au Roi, toutes les marques de la fujetion contractée auparavant s'effacent , elle devient un franc-aleu dans les mains du Roi , qui auffi-tôt l'inféode ; il en retient le Domaine fupérieur, il ne rend le Domaine utile que pour le vaffal & fes hoirs ; le vaffal & fes hoirs meurent , le fief retourne au Roi.

Cet événement eft un effet , une fuite indifpenfable du contrat qui s'eft formé entre les Parties. Auffi tous les Auteurs feudiftes reconnoiffent l'efficacité, foutiennent la validité de ce genre de contrat. Le favant Dumoulin , qui a été un des défenfeurs les plus zélés de la patrimonialité des fiefs , qui a renfermé dans leurs juftes bornes les décifions répandues dans les anciens livres des fiefs recueillis & imprimés à la fuite du Corps du Droit Civil, ce Docteur célebre a décidé que, *Qui rem fuam fcienter conducit , vel in feudum , cenfum aut emphiteufim accipit, non fimpliciter & velut alienam , fed exprefsè tanquam fuam , non obftante quod fit fua , ftatim illius dominium & poffeffionem transfert , & validus eft contractus a.* Cette décifion eft le réfultat d'une dif-

a Sur la Cout. de Paris. Traité des fiefs, tit. 1, § 1, glof. 5, nomb. 34.

fertation profonde de cet Auteur ; & il eſt à remarquer qu'elle eſt donnée en général comme appartenante à la nature des contrats, à la nature des fiefs ; elle a été donnée avant l'Edit de 1566 ; le Commentaire de Dumoulin, ſur les matieres féodales, parut en 1539.

Ainſi quiconque reçoit en fief volontairement & ſciemment ſa choſe propre, ſa choſe allodiale, *qui rem ſuam ſcienter in feudum accipit*, il en transfere auſſi-tôt le domaine & la poſſeſſion de droit attachée au genre de propriété qu'il transfere ; *non obſtante quòd ſit ſua, ſtatim illius dominium transfert ;* & ce contrat eſt légitime & obligatoire, *validus eſt contractus.*

C'eſt par la même raiſon que ſi un vaſſal fait des acquiſitions qu'il uniſſe à ſon fief, elles ſuivent la condition du fief : le même Juriſconſulte le prouve. Tout ce qu'il exige encore, c'eſt que les fonds ainſi unis l'aient été avec connoiſſance de cauſe, *ſcienter*, que le vaſſal ſachant qu'ils étoient allodiaux, les ait voulu ſoumettre à ſon Seigneur, qu'il les ait portés dans des aveux comme féodaux. *Si hæc addita per vaſſallum fuiſſent prædia merè libera & vera alaudia, quæ vaſſallus ſciens eſſe alaudia & volens ſubjicere Domino, recognoviſſet ab illo acceptante, & ab eodem concedente in feudum recepiſſet ſub denominatione veteris feudi & in illius augmentum ; hoc modo prædia libera & vera alaudia poſsunt effici feudalia. Plurima enim ſunt feuda in Germaniâ nec non in Galliâ, quæ non ſunt facta feuda per conceſſionem in feudum vel originalem infeudationem, ſed per ſubjectiones & recognitiones* a.

On pourroit ſur ce point de droit accumuler un nombre infini d'autorités. Mais le ſuffrage d'un Du-

a §. 1, gloſ. 5, n. 20,

moulin en vaut mille autres, lorſque ſur-tout la raiſon y joint la lumiere de l'évidence : on peut aſſurer d'ailleurs qu'il n'eſt pas un ſeul Auteur qui ſoit d'un avis différent.

Or cette même déciſion générale donne l'explication de l'effet que produit l'érection d'un Duché, d'un Comté, d'un Marquiſat, d'une Pairie ; car tout eſt lié dans la Juriſprudence par une chaîne indiſſoluble, & les déciſions les plus iſolées en apparence tiennent à des maximespremieres & fondamentales. Un Seigneur, dont la Terre eſt érigée, la reçoit en fief des mains du Roi:dès-lors elle eſt ſoumiſe à toutes les loix du vaſſelage: dès-lors le Roi acquiert un Domaine qui eſt effectif dès ce moment quant à la directe, & qui devient plein & entier par le décès de ceux pour qui ce fief a été concédé.

Cette même déciſion juſtifie la diſpoſition de l'Edit de 1566, & des Déclarations ſubſéquentes. S'il étoit vrai que les Rois n'euſſent voulu par ces Ordonnances qu'empêcher la multiplication des titres de dignité, en attachant une eſpece de peine aux conceſſions qu'ils feroient, ces Ordonnances, on oſe le dire, auroient été injuſtes.Qui ne comprend que, ſi la ſollicitation d'un Seigneur pour obtenir un Duché ou une Pairie étoit quelque choſe de dangereux en politique, il étoit plus ſimple, il paroiſſoit plus convenable de ſe promettre de n'y avoir point d'égard, que de faire acheter au Seigneur, par la perte de ſa Terre, la grace & le bienfait qu'on lui conféreroit ? Loin de nous des idées pareilles. Puiſque les Rois ont prononcé la réunion à leur Domaine des fiefs de dignité, puiſque la Cour a enregiſtré leurs Ordonnances, il falloit que cette réunion fût légitime. Les Rois n'ont indiqué dans leurs préambules que la crainte des importunités, ils ont voulu prévenir un mal, mais ils en ont cherché le remede dans des regles de droit qui avoient dû conſerver toujours leur pouvoir naturel.

Ainſi, d'après l'Edit de 1566, l'Ordonnance de 1579 & la Déclaration de 1581, les Rois s'étant engagés à ne conférer les Duchés, les Marquiſats & les Comtés que pour le Seigneur & ſa deſcendance maſculine, cette convention eſt cenſée employée dans toutes les Lettres qui ſe donnent ſous l'empire de ces loix ; & à moins qu'il n'y ſoit dérogé, elle doit avoir tout ſon effet.

De même, & d'après la Déclaration de 1582, le Roi en érigeant une Pairie, n'eſt cenſé concéder la Terre que pour le Pair de France ; c'eſt un fief purement viager, ſemblable aux bénéfices de la premiere antiquité ; les enfans mâles du pere ne ſont point réputés compris dans l'inféodation.

Ce n'eſt point à cette diſpoſition de la Déclaration de 1582, que nous prétendons que l'on doive attacher une force rétroactive : nous conviendrons volontiers qu'elle a introduit un droit nouveau en cette partie ; mais l'Edit de 1566 n'a ſûrement fait que manifeſter une regle déja néceſſairement vraie, & applicable dans le fait à toutes les Lettres antérieures, qui ne contiennent de même qu'une conceſſion limitée au vaſſal & aux ſiens.

On objecte un réquiſitoire de M. Bourdin, Procureur Général, donné au mois de Mars 1566, & par

lequel ce Magiſtrat requéroit qu'il fût fait des Remontrances au Roi, pour qu'il lui plût ordonner que *les
dignités de Pairie demeureroient éteintes & révoquées,
advenant que ceux qui en ont été honorés décedent ſans
mâles, encore que le fief ſimple en ſoi, puiſſe & doive de
ſa nature & qualité paſſer aux femelles.*

Mais en premier lieu, M. le Procureur Général
Bourdin ſuppoſoit que le fief *demeureroit ſimple en
ſoi*, ou que les femelles ſeroient compriſes dans l'inféodation quant à la glebe, ſans l'être quant à
l'Office.

En ſecond lieu, ſi les Remontrances ont amené
l'Edit, il n'a point au fond de rapport avec elles, puiſque
d'un côté, ſans parler des Pairies qui étoient l'objet des
Remontrances, l'Edit s'eſt expliqué pour les Duchés,
Comtés & Marquiſats, que les Remontrances n'avoient
point en vue, & que d'un autre côté il a ordonné que
les femelles ſeroient excluſes de l'inféodation, même
quant à la propriété de la glebe.

En troiſieme lieu, on doit conſidérer ſi la diſpoſition que l'Edit a préféré de porter, étoit fondée en
regle ou non : or nous avons prouvé qu'elle a été une
expreſſion pure & fidelle des principes féodaux les plus
certains.

C'eſt auſſi ce que M. d'Agueſſeau, qui a rapporté le
Réquiſitoire de M. Bourdin, a reconnu & prouvé lui-
même, lorſqu'après avoir expoſé les motifs qui ont
conduit le Légiſlateur à publier l'Edit, il a ajouté :
c'eſt ſur ces principes qu'eſt fondée la loi de réunion : Ils
exiſtoient donc ces principes. MM. les Pairs l'ont pareillement reconnu lorſqu'ils ont dit auſſi : *c'eſt ſur ce*

principe qu'eſt fondée la diſpoſition de l'Edit de 1566 & des autres loix du Royaume. Henri III l'a conſtaté encore, lorſque dans le préambule de ſa Déclaration de 1581, il a annoncé que *Charles IX avoit voulu, par ſon Edit de 1566, faire obſerver le bon ordre qui avoit été* LONGUEMENT *établi.*

Mais enfin n'eſt-il pas au moins inconteſtable qu'a-vant l'Edit, les Lettres qui font le titre particulier de chaque érection, peuvent & doivent être admiſes comme une regle toujours ſûre pour décider de la ma-niere, du tems & de la forme du retour de la Terre à la Couronne? Nul ne peut refuſer de juger les Lettres-patentes de 1399 & de 1404 ſur leur propre texte. Or par ces Lettres, Louis Duc d'Orléans a reçu en fief du Roi & à titre de Pairie, les différentes Terres par lui ac-quiſes; il les a reçues pour lui, pour la Ducheſſe ſon épou-ſe, & pour tous leurs enfans, ſuivant les premieres Let-tres, pour leurs enfans mâles ſeulement, ſelon les ſe-condes Lettres.

Ces Terres étoient des conquêts de la communauté d'entre ce Prince & Valentine de Milan ſa femme ; c'étoient même les deniers dotaux de cette Ducheſſe qui ſervoient à en payer le prix. On a voulu qu'elle pût jouir dans ces Terres des honneurs de la Pairie ; il n'y a rien en cela qui ne fût équitable.

Si dans les premieres Lettres on paroît avoir appellé tous les enfans, il eſt de regle, dans ces ſortes d'érec-tions, que les filles n'y ſont point compriſes, ſans une vocation littéralement exprimée en leur faveur. Une énonciation générique, telle que celle d'*enfans*, *deſ-cendans*, *hoirs*, ne s'applique point à elles : on ne l'in-terprête jamais qu'en faveur des mâles.

D'ailleurs les Lettres de 1399 ne forment qu'un titre unique avec celles de 1404, & ces dernieres n'instituent expressément que les enfans mâles.

Mais il n'importe après tout. Louis Duc d'Orléans, la Duchesse son épouse, tous leurs enfans de l'un ou de l'autre sexe, sont morts. Le comté de Dunois n'avoit été concédé que pour eux. Le Duc d'Orléans *rem suam scienter in feudum accepit & recognovit ; statim & non obstante quod sit sua, illius Dominium transtulit.* Le Dunois, devenu propre au Roi quant au Domaine direct dès l'instant de la concession, a été réversible au Roi quant au Domaine utile par l'extinction de ceux pour qui il l'avoit inféodé : c'est la conséquence nécessaire des premiers principes de la matiere.

Il a été établi précédemment que les Lettres-patentes de 1399 & 1404 renfermoient une clause de réversion par les termes d'*apanage* qu'elles contiennent. Ici il est évident qu'elles renferment une seconde disposition qui a au moins autant de force & de vertu. L'inféodation du Dunois n'a été faite qu'en faveur d'un ordre de vassaux limité, & ils n'ont eu le droit d'en jouir que de la même maniere qu'ils possédoient leur apanage. La réversion à la Couronne a donc été indispensable par ces deux raisons : la mort des feudataires, la fin de leur Apanage, tout a fait rentrer le comté de Dunois dans la main du Seigneur dominant, sous l'empire duquel il étoit tenu.

QUATRIEME PREUVE.

Il ne devroit même plus être permis de disputer,

après

après le témoignage solemnel qu'a rendu un Roi, petit-fils & héritier de Louis Duc d'Orléans.

On croit devoir d'abord rapporter sur cet événement les propres expressions de M. le Procureur général de la Guesle (1). *Il s'est entrejetté une Déclaration du Roi Louis XII, laquelle sépare le Domaine particulier de la Maison d'Orléans, à savoir Blois, Coucy, Soissons & autres Terres du Domaine public... Ce Roi n'ayant aucun enfant mâle, ains seulement (des filles) une fille devenue unique, qui ne lui pouvoit succéder ni au Royaume ni en son Apanage, eut cette intention & volonté qu'au moins elle lui succédât en ce patrimoine qu'il estimoit lui être spécialement dû, la charité paternelle ne lui permettant de digérer qu'elle vînt à être privée & deshéritée des biens qui, par droite ligne & succession, lui revenoient de son ayeule Valentine de Milan, femme de Louis Duc d'Orléans, ou bien avoient été acquis de ses deniers dotaux : Sur quoi, à toute peine, & employant toute son autorité, il fit vérifier cette Déclaration au Parlement, mais sans que son Procureur Général, seul & légitime défenseur des droits de la Couronne, eût été ouï... Et de bonne fortune pour le Roi Louis que sa fille aînée fût mariée au Successeur de la Couronne; car autrement elle n'eût été sans hasard que sa Déclaration eût été combattue par l'ancienne maxime du Domaine.*

Ainsi Louis XII élevé au Trône, n'ayant qu'une

_____

(1) Remontrances au sujet de l'Edit envoyé au Parlement par Henri IV, pour la distraction & la division de son patrimoine particulier d'avec le domaine public, Edit qui depuis fut révoqué.

N. B. On a allégué que les Lettres patentes de Louis XII avoient été enregistrées sur les conclusions de M. Olivier, *Procureur général.* M. de la Guesle se seroit-il trompé à ce point ?

F

fille devenue unique, & dans cette délicate conjonc-
ture plus pere que Roi, si on ose le dire, veut assurer
à la Princesse sa fille les Terres de sa Maison. Deux
raisons s'y opposoient: La premiere étoit la loi de l'union
tacite à la Couronne de tout le patrimoine particulier
du Prince couronné. Louis XII ne craint point cet
obstacle ; il garde à ce sujet un profond silence. Mais
ces mêmes Terres avoient été tenues par le Duc son
ayeul, par le Duc son pere, & par lui-même, en titre
de Pairie dans la même forme que leur Apanage. Voilà
ce qui inquiete sa tendresse paternelle, voilà la barriere
que sa puissance souveraine veut franchir. Il donne des
Lettres-patentes en forme de Déclaration en l'année
1505.

Cette Déclaration présente les motifs les mieux co-
lorés. Les Terres dont il s'agissoit, étoient des acquêts
de son ayeul ; elles étoient naturellement patrimoniales & héréditaires : la concession en Pairie ne con-
cernoit que des privileges & des prérogatives, qui n'a-
voient pas pu intervertir l'ordre successif. Mais à travers
toutes ces raisons, paroît le motif véritable. Louis XII
reconnoît que, *toutefois, & parce qu'il étoit dit nommément, dans les Lettres d'octroi, que ses ayeul & ayeule
& leurs hoir mâles descendans d'eux en loyal mariage,
tiendroient ces terres en Titre de Pairie, on pourroit
douter, prétendre & maintenir, s'il arrivoit qu'il n'eût
aucun enfant mâle, que toutes ces Terres étoient sujettes
à retour & annexes de la Couronne, ainsi que les autres Seigneuries qui avoient été données en Apanage à
son ayeul.* En conséquence ce Souverain usant DE SA
PUISSANCE ET AUTORITÉ ROYALE, ordonne que

Claude de France fa fille héritera de toutes les Terres en queſtion, & *en tant que beſoin il les diſtrait , ſépare & démembre du Domaine de la Couronne.*

. Qui pourroit n'être point pénétré de la conſéquence qui naît de ce Jugement porté par un Roi ? Il étoit donc vrai avant l'Édit de 1566 , comme aujourd'hui , que l'impreſſion du titre de Pairie, accompagnée d'une clauſe d'Apanage , & relative à un ordre déterminé de feudataires, attribuoit les Terres à la Couronne par d oit de retour. Le changement que Louis XII a voulu faire à cette regle , eſt la preuve la plus parfaite de l'exiſtence de la regle même ; c'eſt une preuve d'autant plus puiſſante dans cette affaire, qu'elle frappe ſur les Terres mêmes dont l'une fait le ſujet de la conteſtation , enſorte que ce n'eſt point là un exemple étranger ; la Déclaration de Louis XII eſt une piece de la Cauſe, & une piece déciſive, d'autant plus que l'ordre interrompu par la Déclaration de Louis XII s'eſt rétabli naturellement dans la perſonne du Roi Henri II.

Qu'eſt-ce que M. le Duc de Chevreuſe pourroit oppoſer à ce titre puiſſant ? Ses réponſes ſont toutes frivoles.

Les inquiétudes de Louis XII, dit-il, n'étoient fondées que ſur la maſculinité. Comme les Lettres de 1404 avoient concédé la Pairie au Duc, à la Ducheſſe, & à leurs enfans mâles ſeulement, ce Prince craignoit que, s'il ne laiſſoit point de fils, les Terres ne demeuraſſent à la Couronne.

Mais de ce raiſonnement même il ſuit donc que , lorſqu'une Pairie n'avoit été créée que pour un Seigneur & pour ſes enfans mâles , l'inexiſtence d'enfans mâles faifoit alors, comme aujourd'hui, tomber la Terre dans le Domaine public & royal. C'eft donc là ce que M. le Duc de Chevreufe eft forcé de reconnoître, & il ne nous en faut pas davantage.

Car, premierement, les Lettres de 1404 renfermoient, comme on l'a dit déja plufieurs fois, celles de 1399, c'eft-à-dire qu'elles comprenoient les Comtés de Blois & de Dunois, ainfi que toutes les autres acquifitions de Louis Duc d'Orléans. Les Remontrances de M. de la Guefle le conftatent, elles nomment Blois ; & il exifte une nouvelle preuve dans les pieces même produites par M. le Duc de Chevreufe, qu'en effet Claude de France poffeda, à titre de patrimoine, après la mort du Roi fon pere, le comté de Blois, comme les comté de Soiffons, baronnie de Coucy, & autres Terres, & qu'elle les tranfmit au même titre au Dauphin fon fils, qui depuis a été le Roi Henri II. On a dû remarquer, dans le récit des faits, ces deux actes émanés du Roi François I en 1528 & en 1536, par l'un defquels il reçut l'hommage d'un Duc de Longueville, Comte de Dunois, & par l'autre il accorda fouffrance à un autre Duc de Longueville. Dans tous les deux François I n'agit que comme adminiftrateur légitime des biens du Dauphin fon fils, Comte de Blois, & héritier de la Reine fa mere. Les Lettres patentes de Louis XII de 1505 frapperent donc fur le comté de Blois ; ce Comté, érigé en Pairie avec le Dunois, avoit donc été compris dans les Lettres de 1404, les feules dont Louis XII ait parlé. Le motif prétendu, tiré de la mafculinité, regardoit donc le comté de Blois, & conféquemment le Dunois. L'objection de M. le Duc de Chevreufe fe rétorque ainfi contre lui-même.

· Secondement, fi l'inſtitution des enfans mâles, dans les Lettres de Pairie, eût été le feul motif qui excitât les craintes de Louis XII, il n'en auroit pas conclu que les Terres étoient retournées à la Couronne au défaut d'enfans mâles, mais feulement que le titre de Pairie s'étoit éteint faute de mâles. Il auroit dit : Comme les Terres acquifes par mon ayeul n'ont été concédées en Pairie que pour les mâles, la Princeffe ma fille n'en jouiroit pas en titre de Pairie, fi je n'avois foin d'y pourvoir ; Nous voulons & ordonnons que la Pairie fera continuée en fa perfonne. Louis XII ne parle pas ainfi, il dit : Comme on prétendroit qu'au moyen de la conceffion en Pairie pour notre ayeul & fes enfans mâles, les Terres, fi nous n'avions point d'enfans mâles, feroient réverfibles à la Couronne comme des biens d'Apanage, & qu'ainfi notre chere fille perdroit la propriété de ces Terres originairement patrimoniales, Nous voulons qu'elle conferve cette propriété pleine & abfolue, fans qu'on puiffe lui objecter le droit de retour à la Couronne, dont nous les féparons & démembrons par notre puiffance fuprême. Ce Monarque a donc encore une fois très-formellement reconnu & jugé que la réverfibilité des Terres étoit un effet naturel & légal de la conceffion en Pairie.

Troifiemement, fi dans le fyftême même de M. le Duc de Chevreufe une érection en Pairie pour les mâles devoit opérer, à l'extinction des mâles, le retour à la Couronne, une conceffion pour les mâles & les femelles devoit également, à l'extinction des femelles & des mâles, opérer la réverfion. Or il n'exifte plus depuis long-tems de defcendans de l'un ni de l'autre

fexe de Louis Duc d'Orléans : Donc le retour eft toujours inévitable.

C'eft ainfi que l'argument de M. le Duc de Chevreufe forme, dans tous les fens, un argument contre
lui.

Oppofera-t-il encore que Louis XII après tout ne
s'eft exprimé que fur le ton d'un doute : *toutefois
comme on pourroit douter & prétendre.*

Mais que M. le Duc de Chevreufe s'accorde donc
encore fur ce point avec lui-même ! Il prétend que le
fyftême de M. le Préfident de Saint-Michel eft un
paradoxe, une opinion inouie, dont on ne trouve aucune trace avant l'Edit de 1566. Comment donc, fi
cela étoit, le doute prétendu fe feroit-il préfenté à
l'efprit du Roi Louis XII ? Se forme-t-on des craintes
fur des chofes inconnues ? Ce feroit donc une illufion,
une chimere qui auroit affecté l'ame de ce Monarque :
l'ofe-t-on penfer ? ofe-t-on foupçonner qu'il auroit
publié une Déclaration pour combattre une terreur
imaginaire ; que la Cour auroit enregiftré des Lettres
patentes qui n'auroient eu ni fondement ni objet ? En
vérité l'objection n'eft pas raifonnable.

Rapporterons-nous à cette occafion un fait configné
dans les monumens publics ? Le même Roi Louis XII
a donné des Lettres patentes à-peu-près femblables en
faveur de Sufanne de Bourbon pour le Duché de
Bourbonnois.

Il avoit été précifément ftipulé dans le contrat de
mariage, paffé en 1400 entre le fils aîné du Duc de
Bourbon & la fille du Duc de Berry, que s'il ne naif-
foit d'eux aucun enfant mâle, le Duché de Bourbon-

nois *viendroit & demeureroit perpétuellement en propre héritage & domaine à la Couronne de France.* Il ne naquit qu'une fille, Sufanne de Bourbon. La magnanimité de Louis XII le porta à la traiter favorablement. Mais en quels termes le fit-il dans les Lettres qu'il donna en 1498 ? L'évidence étoit acquife ; il dit cependant : *Au moyen de quoi on voudroit prétendre le Duché de Bourbonnois, qui de toute ancienneté a été le vrai héritage de la Maifon de Bourbon, & ne fut oncques Apanage de France, nous devoir appartenir ou à nos fucceffeurs Rois & à la Couronne ; & par ce moyen notre très-chere & très-amée niece Sufanne de Bourbon fa fille ne pouvoir ni devoir fuccéder. Pour ces caufes, &c.* On peut fur cet exemple apprécier la valeur du doute marqué dans les Lettres patentes de 1505.

* Pere Anfelme, tom. 3, p 137, 138 & 139.

Concluons enfin. Les Pairies font effentiellement réverfibles au Domaine Royal. Elles le font dans l'ordre politique, comme étant une émanation, une expreffion & une image de la Couronne. Elles le font, fuivant le Droit public ; parce que le Fief qui en eft une partie, eft annexé inféparablement & à titre d'acceffoire à l'Office. Elles le font d'après les Loix féodales : lorfqu'un Fief, mis dans la mouvance du Roi, eft concédé par le Roi pour une certaine claffe de perfonnes feulement, il n'eft pas poffible que ce Fief ne revienne au Roi, quand cet ordre de perfonnes ne fubfifte plus. Elles le font à plus forte raifon, d'après les Loix des contrats, lorfque, dans le titre de leur création, il eft quelque claufe qui exprime la réverfibilité, telle que l'eft une claufe qui porte que la Terre fera tenue en Pairie, comme un Apanage : difpofition d'autant plus puiſſante, que tous les monumens hiſtoriques atteſtent que les Pairies créées par les Rois, l'ont été ſur le modele des Apanages. Enfin il exiſte ici un Jugement formel, émané d'un Souverain, pour les Terres même érigées en Pairie avec le comté de Dunois. La queſtion qu'on éleve aujourd'hui, a déja été ſolemnellement décidée, il y a 262 ans. Eſt-il permis de la renouveller encore?

R E P O N S E S   A U X   A U T R E S   O B J E C T I O N S.

La principale des objections de M. le Duc de Chevreuſe vient d'être anéantie. Il lui en reſte trois autres qui méritent à peine l'examen de quelques inſtans. La ſolution de toutes trois eſt même écrite dans cette Déclaration de Louis XII, qui forme un titre généralement déciſif dans cette affaire.

On critique de la part de M. le Duc de Chevreuſe la forme des Lettres-patentes de 1399: elles n'ont point été enregiſtrées, dit-on.

Cependant elles ſe trouvent dans les Regiſtres de la Cour, elles ſont dans le Regiſtre A, avec un intitulé précis & exact, & au bas on lit: *collatio facta eſt.*

Qu'on ceſſe d'alléguer que le regiſtre A eſt un recueil informe. Doit-on ſe permettre de traiter avec ce mépris un des volumes les plus reſpectables que renferment les Archives ſi précieuſes du Parlement? On l'appelle le regiſtre des anciennes Ordonnances; il en contient en effet de très-importantes, qui toujours ont été exécutées. On y trouve une Ordonnance de 1332, une autre de 1364, une autre de 1390. Toutes

y

y font dans la même forme que les Lettres de 1399, & jamais perfonne n'a imaginé d'en révoquer en doute l'authenticité. Elever aujourd'hui un problême fur la validité de ce regiftre, c'eft chercher à ébranler la foi & l'autorité des monumens les plus intéreffans, c'eft entreprendre d'anéantir un titre d'un prix infini. En un mot, puifque les Lettres dont il s'agit, font dans les regiftres de la Cour, il faut que la Cour ait approuvé, ait ordonné qu'elles y fuffent infcrites.

Au refte l'objection eft même fuperflue ; les Lettres de 1404 contiennent tout ce qu'on prétend, dela part de M. le Duc de Chevreufe, être néceffaire pour former un enregiftrement régulier ; & ces Lettres de 1404 renferment, nous le répétons, celles de 1399, èn ce qu'elles embraffent la totalité des acquifitions de Louis Duc d'Orléans.

On répond vainement que cumuler & confondre ces deux Lettres-patentes, c'eft donner une trop grande étendue à la Pairie qu'elles ont créée. Une Pairie ne dépend point de la fituation locale des Terres qui la compofent. Il eft beaucoup de Pairies formées d'un grand nombre de Fiefs très-éloignés les uns des autres, & leur diftance eft réellement indifférente , parce que l'union dans une Pairie n'eft point une union phyfique, elle eft purement morale , & civile. Toutes les Terres acquifes par Louis d'Orléans , étoient unies par leur mouvance, par leur Jurifdiction & par leur reffort ; il ne falloit rien de plus. L'union de Jurifdiction qui regnoit entre elles, eft fur-tout remarquable. Louis Duc d'Orléans avoit obtenu le droit d'établir un Tribunal de Grands-Jours dans tel

G

lieu qu'il souhaiteroit ; rien ne peut mieux qu'une pareille prérogative caractérifer une Pairie, & même une Pairie éminente & diftinguée : toutes les Juftices de chacune des Terres reffortiffoient à ce Tribunal de Grands-Jours qui lui-même reffortiffoit au Parlement : n'étoit-ce pas là une union des plus marquées ?

Enfin ce qui détruit fans reffource l'objection, c'eft la Déclaration de Louis XII de 1505. Il y attefte que les Lettres de Pairie accordées au Duc fon ayeul, avoient été duement vérifiées & expédiées, & nous avons prouvé que ce Prince regardoit comme une portion de cette Pairie, les comtés de Blois & de Dunois, puifque la diftraction du Domaine de la Couronne a eu lieu en faveur de la Princeffe fa fille pour le comté de Blois, comme pour les autres Terres.

Oublions donc une allégation qui n'auroit pas dû être propofée. Celle qui fuit, n'eft pas mieux fondée.

Selon M. le Duc de Chevreufe, les Lettres de Pairie dont il s'agit, n'ont eu d'exécution, ni pour le comté de Dunois, ni pour celui de Soiffons, ni pour la Baronie de Coucy. Elles n'ont point été exécutées pour le Dunois, car il a relevé du comté de Blois jufqu'en 1660, & fes Juftices reffortiffoient & reffortiffent encore au Bailliage de Blois. D'un autre côté Coucy & Soiffons ont été partagés avec la Maifon de Carignan ; & M. le Duc d'Orléans vient d'acquérir la moitié patrimoniale qu'il a unie à fon Apanage.

Toutes ces remarques font des erreurs. Il n'eft point étonnant que le Dunois démembré de la Pairie par la donation que fit en 1439 Charles d'Orléans à Jean fon frere Bâtard d'Orléans, que le Dunois, tombé dans un état de fous-inféodation & de fous-Apanage , n'ait point joui, foit des honneurs de la mouvance au Château du Louvre, foit de ceux du reffort au Parlement. A l'égard de Coucy & de Soiffons , Louis, Duc d'Orléans n'avoit acheté que la portion qui appartenoit dans ces Terres à Marie deCoucy *.

Ne fe fouvient-on pas d'ailleurs que Louis XII dans fa Déclaration a affuré que fon ayeul, que fon pere & que lui-même avoient joui de la Pairie concédée par Charles VI. Les Lettres de 1399 & de 1404 ont donc reçu toute l'exécution dont elles étoient fufceptibles.

Il ne refte plus à combattre que le dernier raifonnement de M. le Duc de Chevreufe.

Il avance que la Pairie formée par les Lettres de 1399 & de 1404, n'a point été une Pairie véritable; qu'une conceffion , pour tenir en Pairie , ne donnoit que des privileges, & ne donnoit point la dignité; qu'il y avoit une différence réelle entre tenir en Pairie & être Pair de France.

Mais déjà M. le Duc de Chevreufe convient que l'un des prétendus privileges réfultans de la tenure en Pairie étoit que la Terre devenoit foumife à la mouvance de la Couronne : premier point , qui feul fuffiroit d'après les principes féodaux que nous avons précédemment démontrés. Il convient auffi que la Terre tenue en Pairie jouiffoit de la prérogative du reffort au Parlement : fecond point. Il ne reftoit donc plus que l'Office de Pair , & l'on a foutenu, de la part de M. le Duc de Chevreufe , que les Seigneurs tenans en Pairie ne rempliffoient point les fonctions de cet Office éminent. Cependant on a été forcé de recon-

* M. Dupuy, Traité des droits du Roi , fur les mots *Coucy & Soiffons.*

noître, en lifant les réponfes du Parlement aux demandes du Roi Charles VII, & qui vont être rapportées dans un inftant, que les Seigneurs tenans en Pairie, avoient le droit non-feulement d'être jugés en la Cour par leurs Pairs, mais encore d'aflifter avec voix délibérative aux Jugemens des autres Pairs; ils poffédoient donc l'Office même.

Alors, il eft vrai, l'ufage du ferment en la Cour n'étoit point encore établi; c'eft en 1502, pour la premiere fois, qu'il fut prêté par un Evêque de Noyon, & ce n'eft qu'à cette époque que l'on a commencé à diftinguer l'hommage dû au Roi pour le Fief d'avec le ferment dû à la Juftice pour les fonctions publiques. Mais en un mot le Seigneur tenant en Pairie exerçoit l'Office dans le Parlement; fa Terre relevoit du Château du Louvre, fes Juftices reffortiffoient à la Cour capitale du Royaume. Que lui manquoit-il donc pour être un véritable Pair de France? Rien abfolument. La diftinction eft chimérique.

On va s'en convaincre plus particuliérement par la lecture des Réponfes données par la Cour en 1458. Le Duc d'Alençon étoit accufé d'un crime d'Etat, il étoit prifonnier. Le Roi Charles VII defira favoir dans quelle forme fon Procès devoit lui être fait. On a allégué que le doute du Souverain étoit fondé fur ce que le Duc d'Alençon ne tenoit fa Terre qu'en Pairie, fans être Pair de France; on s'eft trompé, le doute du Roi provenoit de ce qu'il étoit un des Pairs nouvellement créés par des Lettres-Patentes. Ces Pairs nouveaux devoient-ils jouir des mêmes droits que les douze

anciens Pairs de France ? Voilà quelle étoit la difficulté.

*Sur les queſtions que fait le Roi, & dont il a écrit à
ſa Cour de Parlement par Mᵉ Jean Tudert ſon Con-
ſeiller, & Maître des Requêtes de ſon Hôtel, après que
les regiſtres de ladite Cour ont été vus & vérifiés, ladite Cour bien aſſemblée a délibéré ainſi, & par la
forme & maniere qu'il s'enſuit :*

Premiérement, *pardevant quels Juges doivent être
traitées les Cauſes des Pairs de France touchant leurs
perſonnes* .....

A ſemblé que quand aucun Pair de France eſt ac-
cuſé d'aucun cas criminel qui touche ou peut toucher
ſa perſonne, ſon corps & état; le Roi en ſa perſonne
préſent, quoique ſoit, appellés les Pairs de France &
autres Seigneurs tenans en Pairie, en doit connoître ....

Sur le ſecond article contenant : Item, *ſi les Cauſes
des Seigneurs du Sang, qui ne ſont pas Pairs de France,
doivent être traitées en pareille prérogative comme ſont
celles des Pairs.*

La Cour n'y a pu délibérer pour le préſent, pour ce
qu'il y a Procès appointé en Droit en ladite Cour en
pareil cas; & feroit la délibération de cet article en
effet la déciſion du Procès.

Sur le tiers article contenant : Item, *veut auſſi ſavoir
ſi mondit Seigneur d'Alençon tient ſon Duché d'Alençon en Pairie, & ſuppoſé qu'il tienne en Pairie, s'il doit
jouir de pareils privileges & prérogatives que feroit* UN
DES DOUZE PAIRS DE FRANCE.

Il ſe trouve par les regiſtres du Parlement, que M.
d'Alençon *tient la Duché en Pairie,* & que les Rois, les

tems paſſés, l'ont tenu & réputé *pour Pair de France & tenant en Pairie* ; & pour ce, ſemble *qu'il en doit jouir comme les autres Pairs.*

Item, *s'il étoit trouvé que les Pairs duſſent être appellés à ſon procès, le Roi veut ſavoir ſi les autres Seigneurs du Sang, qui* TIENNENT EN PAIRIE ET NE SONT PAS DES DOUZE PAIRS, *doivent auſſi être néceſſairement appellés audit procès, & s'ils doivent, quant à ce, jouir des honneurs & prérogatives* DESDITS DOUZE PAIRS, OU NON.

Il ſe trouve par les regiſtres anciens de ladite Cour, que ceux *qui ont été créés Pairs de France & qui tiennent en Pairie,* furent préſens & appellés, *comme les anciens Pairs,* aux procès de Robert d'Artois, de Meſſire Jean de Montfort, & du Roi de Navarre ; & pour ce ſemble que ainſi ſe doit faire.

On lit auſſi dans l'extrait de cet avis fait par Me du Tillet, Greffier au Parlement : *& doivent les nouveaux Créés, jouir de pareils privileges & prérogatives que les douze Anciens, ſoit pour leurs Jugemens, ou pour être appellés aux Jugemens des autres Pairs* *.

Il n'eſt rien de plus évident : des douze anciennes Pairies de France, les ſix Pairies Eccléſiaſtiques ſubſiſtoient, il en exiſtoit encore des ſix Pairies Laïques ; les Rois, à meſure que celles-ci s'éteignoient, en avoient créé de nouvelles par des diplômes émanés de leur puiſſance. Ils n'avoient encore conféré ces Pairies nouvelles qu'à des Princes du Sang royal ; & dans leurs premieres Lettres, les expreſſions propres à marquer la création de la Pairie, avoient beaucoup varié. Tantôt ils diſoient : *promovemus in Parem, huic Comitatui Pa-*

ritatis dignitatem annexentes ; tantôt : *nous faiſons un tel Comté, Pairie de France ;* tantôt : *nous ordonnons qu'il tienne ſon Comté en Pairie.* Toutes ces manieres de s'exprimer étoient au fond ſynonymes. Mais ces Pairs, ouvrage des Rois, devoient-ils marcher d'un pas égal avec les Pairs qui, ouvrage de leurs propres mains pour ainſi dire, poſſédoient leurs dignités par droit de propriété. Déjà il étoit certain que ces Pairs anciens ſe prétendoient ſupérieurs aux Princes mêmes du Sang, ſi ces derniers n'étoient pas Pairs de France. Ne devoient-ils pas conſerver auſſi leur prééminence, lorſque les Princes du Sang étoient du nombre des Pairs nouveaux créés ? Telle étoit la matiere de la délibération ſous Charles VII, & l'on voit que le Parlement a décidé que les Seigneurs du Sang tenans en Pairie, étoient de véritables Pairs, & qu'ils devoient jouir de tous les mêmes droits qui appartenoient à ce Corps illuſtre des douze, ſi ſouvent célebré dans nos hiſtoires ſous le nom des douze Pairs de France.

Il eſt une autre preuve formelle que la conceſſion en Pairie ne différoit point, & ne differe point encore de l'érection en Pairie.

Le même Louis Duc d'Orléans, à qui les Lettres de Pairie de 1399 & de 1404 furent accordées, avoit reçu pour Apanage, le 4 Juin 1392, le Duché d'Orléans. Ces Lettres d'apanage ſont conçues entierement dans les mêmes termes que celles qui ont été données pour les Comtés de Blois, Dunois, Soiſſons, & autres Terres : *A les avoir, tenir, poſſéder & exploiter par notredit frere & ſeſdits hoirs mâles, perpétuellement & à toujours, en Pairie & comme Pair de France* *.

* Ordonnance du Louvre, par Me Secouſſe, tom. 7, pages 467, 68, 69 & 70.

C'eſt dans les mêmes termes encore que s'explique le titre actuel même de l'Apanage de M. le Duc d'Orléans, daté de l'année 1661 : *Ordonnons & octroyons qu'ils aient & tiennent leſdits Duchés & Seigneuries en tous droits & titre de Pairie, avec toutes prérogatives & prééminences qu'ont accoutumé d'avoir les Princes de la Maiſon de France, & autres tenans de notre Couronne en Pairie* *.

* Pere Anſelme, tom. 3, pages 86, 87 & 88.

Eſt-il quelqu'un qui puiſſe ſoutenir que le Duché d'Orléans n'eſt point une Duché-Pairie, parce qu'elle n'eſt tenue qu'en Pairie?

Enfin Louis XII a tranché d'avance la frivole difficulté qu'on propoſe ici. La conceſſion faite à Louis ſon ayeul, pour toutes les Terres par lui acquiſes, a paru à ce Souverain avoir tellement le ſceau d'une Pairie véritable, qu'il a cru devoir employer toute ſon autorité pour faire paſſer ces Terres à la Princeſſe ſa fille.

C'eſt ainſi que la Déclaration du Roi Louis XII réſoud réellement toutes les objections de M. le Duc de Chevreuſe. Elle conſtate que les Lettres-patentes ſur leſquelles la Cour a à prononcer aujourd'hui, ont été dans le tems revêtues de toutes les formes légales : elle conſtate qu'elles ont été ſuivies de toute l'exécution qu'elles devoient recevoir : elle conſtate que les Terres de Louis Duc d'Orléans avoient reçu une impreſſion très-effective d'un caractere de Pairie par forme d'Apanage : elle conſtate qu'une conceſſion de ce genre produiſoit de plein droit la réverſion des Terres au Domaine de la Couronne ; & en conſtatant tous ces points, la Déclaration de Louis XII eſt dans

un

un accord parfait, non feulement avec les ufages du même fiecle, mais fur-tout encore avec les Loix politiques, publiques, féodales & conventionnelles.

Cinquieme Moyen.

Cette cinquieme & derniere réflexion a pour bafe un principe d'*impartabilité*, qui eft conftant en lui-même, & qui n'a befoin, pour qu'on en fente l'application au Comté de Dunois, que de quelques obfervations très-courtes.

Les Pairies ne font point fufceptibles de divifion. *C'eft*, dit M. d'Aguefleau*, *un principe qui n'a reçu dans l'ufage aucune difficulté, que les Pairies font indivifibles, &, pour nous fervir des termes confacrés, elles font impartables.*   * P. 734.

Les preuves de cette maxime remontent jufqu'au treizieme fiecle. On trouve dans les anciens Auteurs, des Arrêts de 1269, de 1341 (1), qui ont déclaré impartables des Fiefs de dignité. Et à qui cette Loi doit-elle mieux être connue qu'à la Maifon de Chevreufe? Un des Ayeux de M. le Duc de Chevreufe avoit aliéné le fief de Maupas, membre du Duché, un des vaffaux s'oppofa à l'aliénation : elle fut déclarée nulle par un Arrêt du 18 Juillet 1654*.   * Journal des Audiences.

La maxime d'indivifibilité eft donc inconteftable ; la conféquence qui en dérive eft que le Dunois n'a pu

_____

(1) Gloff. de Ducange, lett. A, au mot *Apanare*. Quippè Baroniæ feu majora Prædia ac Feuda divifionem non recipiunt, nec inter heredes dividuntur, fed ad folum primogenitum pertinent : qui tamen tenetur affignare *Apanagium* fratribus fuis fecundogenitis, feu certam quamdam *Provifionem*, uti & vocatur, id eft penfionem in alimentum pro dignitatis ac natalium ratione. Arrefta Parlamenti.

H

être détaché du Corps de la Pairie, ou du moins qu'il n'a pu l'être que pour un tems. L'impartabilité pourra ne point empêcher, si on le veut, la formation d'un sous-Apanage, qui en laissant une tendance perpétuelle vers le Fief principal, en conserve l'intégrité ; mais elle empêche nécessairement une aliénation absolue, qui deviendroit un démembrement.

D'après cela, il n'importeroit presque plus de savoir si le Comté de Blois & les autres Fiefs de la Pairie étoient reversibles de droit à la Couronne, il suffit que dans le fait ils y soient retournés. Le Dunois en étoit un membre inséparable ; la Couronne qui a hérité du Corps du Fief, a acquis en même tems le droit d'en reprendre la portion sous-apanagée.

TROISIEME PROPOSITION.

La Clause de réverfion, dont le Dunois a été frappé dans la main de Jean Bâtard d'Orléans, eft un nouveau titre, fpecial & formel, pour la Couronne.

Charles Duc d'Orléans, fils de Louis, possédoit donc le Comté de Dunois comme reversible au Domaine public, soit à titre de Pairie, soit à titre d'Apanage conventionnel, soit par un effet de la Loi d'impartabilité. Il ne pouvoit donc, lorsqu'il a voulu en disposer en faveur de Jean d'Orléans son frere naturel, le lui donner qu'avec les charges qui y étoient imprimées. C'est aussi ce qu'il a fait : il a réglé sa volonté sur la volonté des Loix. Les Princes de son nom se sont toujours distingués par leur attachement aux intérêts sacrés de l'Etat, dont ils sont les principaux soutiens.

Par la Charte en forme de Lettres, du 21 Juillet 1439, Charles duc d'Orléans n'a donné le Comté de Dunois à Jean son frere, que pour lui & les Descendans de sa chair : premiere disposition. Il ne l'a donné qu'en défendant de l'aliéner, & même de l'hypothéquer autrement que pour le douaire des femmes qui entreroient dans la Maison de son Donataire : seconde clause. Il ne l'a donné que sous la condition expresse qu'à l'extinction de la ligne directe de son Donataire, le Comté de Dunois reviendroit à sa source, rentreroit dans sa main ou dans celle de ses héritiers : troisieme convention, qui est ici une convention fondamentale.

Ne sont-ce pas là tous les traits qui marquent un simple Apanage ? Aussi le Roi Charles IX, dans des Lettres de 1571, rapporte que les Comtes de Dunois, devenus depuis Ducs de Longueville, *avoient été apanagés de la Maison d'Orléans de la plupart de ses biens* *.

* Godefroy, hist. de Charles VII, p. 833.

M. le Duc de Chevreuse n'est point un des Descendans de Jean d'Orléans, Comte de Dunois.

Il ne possede le Comté de Dunois qu'en vertu d'une donation, c'est-à-dire d'une aliénation faite en faveur de son ayeul maternel en 1694, par la Duchesse de Nemours. Comment seroit-il possible qu'une disposition pareille fût légitime, au préjudice de la défense d'aliéner qu'avoit fait Charles d'Orléans, au préjudice du droit de retour que Charles d'Orléans avoit stipulé en sa faveur ?

M. le Duc de Chevreuse a avancé trois Propositions : toutes trois sont faciles à confondre.

Il prétend que la réversion, si formellement écrite

dans les Lettres de donation de 1439, a été révoquée & anéantie par des actes postérieurs :

Qu'en tout cas ce droit de retour est aujourd'hui caduc :

Qu'enfin la réversion & la prohibition d'aliéner formoient une substitution, sujette à la restriction de degrés, établie par les Ordonnances d'Orléans & de Moulins, degrés qui depuis long-tems sont remplis & épuisés.

RÉPONSES A LA PREMIERE OBJECTION.

Sur la prétendue révocation de la clause de retour.

C'est dans les actes de 1441 & de 1445 que M. le Duc de Chevreuse prétend trouver une abolition du retour porté dans la donation de 1439.

Mais, *Premiere Réflexion*, la dérogation que suppose M. le Duc de Chevreuse a-t-elle été expressément stipulée dans les actes qu'il invoque? Il avoue qu'on ne l'y trouve point en termes formels : dès-lors son système est inadmissible.

Un des principes les plus certains de la Jurisprudence, est qu'une novation doit être exprimée littéralement. L'Empereur Justinien a publié sur ce point une Constitution des plus sages : *Novationum nocentia corrigentes volumina, & veteris Juris ambiguitates resecantes, sancimus ..... anteriora stare, & posteriora incrementum illis accedere, nisi ipsi SPECIALITER REMISERINT priorem obligationem, ET HOC EXPRESSERINT ..... Et generaliter definimus voluntate solùm*

*esse, non lege, novandum; & si non verbis exprimatur,
ut sine novatione causa procedat; hoc enim naturalibus
inesse rebus volumus, & non verbis extrinsecùs superve-
nire.* L. derniere, Cod. de novationib.

Il n'est rien de plus sensé que cette Loi. Lorsqu'un
acte postérieur ne détruit pas formellement une premiere convention, on ne pourroit la regarder comme
détruite, qu'en se livrant à des interprétations, à des
conjectures; mais c'est là un procédé arbitraire. La plus
puissante de toutes les présomptions est que les Contractans n'ont pas voulu révoquer leur premier contrat,
puisqu'ils n'ont pas dit qu'ils le révoquoient. Il est cent
fois plus raisonnable & plus sûr de n'envisager les seconds actes que comme des accessoires, *tanquam incre-
menta accedentia,* que de les admettre pour des déro-
gations. *Anteriora stant, nisi specialiter remiserint, nisi
expresserint, nisi verbis exprimatur.*

Seconde Réflexion: du moins doit-on tâcher de concilier les seconds actes avec les premiers; & s'il est possible de les accorder, il faut sans hésiter laisser aux
uns & aux autres leur autorité naturelle. Il est sur-tout
judicieux de préférer l'interprétation qui, en les conci-
liant, les fait tous subsister, à toute autre explication qui
tendroit à détruire l'un par l'autre. C'est en effet une
autre regle de Droit, que de deux sens, dont l'un opé-
reroit l'anéantissement d'un titre, & l'autre le conserve-
roit, il faut donner la préférence à celui qui le main-
tient dans sa force. *Quotiès ambigua oratio est, commo-
dissimum est id accipi quo res de quâ agitur magis valeat,
quàm pereat.* L. 12. D. de reb. dub.

D'après ces réflexions dictées par la raison même,

prenons l'acte du mois d'Août 1441, postérieur de deux ans à la donation de 1439.

Charles Duc d'Orléans sorti enfin de l'Angleterre, jouissant de la liberté dont il avoit été privé jusqu'alors, & vivant dans son Château de Blois, se fait représenter la Charte de la donation qu'il avoit faite du Comté de Dunois, l'acte par lequel Jean Bâtard d'Orléans avoit pris possession de ce Comté, enfin l'acte d'hommage que le Donataire en avoit rendu aux Officiers du Prince son donateur. Charles d'Orléans tient ensuite ce langage :

Voulons & desirons icelui notre don, avoir & sortir son PLEIN EFFET ET VERTU, sans jamais diminuer ni retrancher en aucune maniere.

Nous, icelui don, la possession prise, la foi & hommage faite, & aussi le douaire accordé de notre consentement à notre chere sœur Marie de Harcourt ; louons, gréons, RATIFIONS, approuvons, CONFIRMONS.

Voilà une confirmation précise de la donation toute entiere, telle qu'elle étoit, avec la clause de reversion, avec la prohibition d'aliéner. Seroit-il possible que Charles d'Orléans, après l'avoir si solemnellement ratifiée dans toute son étendue, en eût, dans la suite du même acte, anéanti les conventions les plus importantes? Quelle singularité ne seroit-ce point? Commencer par confirmer toute la teneur d'un acte, le faire transcrire, le conserver, & le détruire au même instant!

Charles d'Orléans a ajouté : *Avons de nouvel & de notre plus ample grace & pour plus grande sûreté de notre frere & du don à lui fait, donné & donnons à tou-*

jours-mais, irrévocablement & perpétuellement pour lui ET SES HOIRS ISSANS DE SA CHAIR, lefdits Comtés & Vicomtés de Dunois & Châteaudun... Et outre plus, promettons à notredit frere de bonne foi & en parole & promeffe de Prince, icelui notre don, TENIR, GARDER & accomplir SANS ALLER A L'ENCONTRE, & iceux Comte & Vicomte GARANTIR & défendre à nos propres coûts & dépens envers & contre tous.

Qu'on remarque, dit M. le Duc de Chevreufe, ces termes : *Avons de nouvel, de notre plus ample grace & pour plus grande fûreté, donné & donnons, à toujours, perpétuellement, irrévocablement.* Charles Duc d'Orléans avoit reçu de nouveaux fervices de Jean fon frere, il vouloit & il devoit lui donner une nouvelle récompenfe; il ne lui donne cependant aucune nouvelle Terre, mais il lui transfere celles qu'il lui avoit déja données, d'une nouvelle maniere, il les lui redonne plus pleinement.

C'eft-là le raifonnement de M. le Duc de Chevreufe. Mais ce n'eft qu'un raifonnement, ce n'eft qu'une induction, & l'on ne peut ni fuppléer ni prouver une révocation par des inductions ou par des raifonnemens. M. le Préfident de Saint-Michel va expliquer lui-même cette claufe dont on fe prévaut, il l'expliquera dans un fens fort naturel, & il faut fe fouvenir que l'interprétation la plus fimple doit être accueillie de préférence, puifqu'elle opérera l'effet de conferver un acte qu'on propofe avec une légereté extrême de détruire, comme fi les contrats s'anéantiffoient d'un fouffle.

Charles Duc d'Orléans avoit marqué jufqu'alors beaucoup d'inconftance dans les dons par lui faits à Jean fon frere; il lui avoit donné d'abord le Comté de Porcien; il avoit repris ce Comté pour y fubftituer celui de Perigord; il avoit repris enfuite le Comté de Perigord, & donné le Comté de Vertus; le Comté de Vertus fut repris encore, & les Châtellenies de Romorantin & de Millançay furent données; elles-mêmes enfin furent reprifes.

Le Donateur voulut, en 1441, raffurer fon frere contre l'inftabilité de fes bienfaits. Premier motif.

Second motif. Le don du Comté de Dunois avoit été fait en un tems où Charles d'Orléans étoit dans les fers de fes ennemis: libre, il crut devoir le renouveller.

Troifieme motif. Il ne s'étoit point rendu garant en 1439 de fa donation, & la garantie en matiere de donation n'eft point une obligation qui foit de droit. Charles d'Orléans voulut s'impofer cet engagement dont il n'étoit point tenu.

La claufe objectée par M. le Duc de Chevreufe, s'explique après cela d'elle-même. Charles d'Orléans donne *de nouvel* en liberté, *& pour plus grande fûreté*, ce qu'il avoit donné captif. Il donne *avec plus grande fûreté* encore; car il promet de n'*aller jamais à l'encontre* de fon don comme il l'avoit fait jufqu'alors. Il donne en conféquence *irrévocablement*. Il donne *de fa plus grande grace* une garantie qu'il n'avoit pas donnée & à laquelle la Loi ne l'obligeoit point.

Quoi de plus fimple encore qu'au mot *irrévocablement* il ait ajouté ceux de *perpétuellement, à toujoursmais* ?

Jean d'Orléans & fes defcendans avoient été faits propriétaires du Comté de Dunois, nul ne peut en douter. Un donataire grevé d'un retour n'en eft pas

moins un propriétaire jufqu'à l'ouverture du retour.
Le don fait à une poftérité toute entiere renferme un
vœu de perpétuité ; la durée d'une famille eft illimitée,
tout ce qui eft illimité eft réputé perpétuel. Une propriété ainfi transférée à toute une defcendance, eft irrévocable, quoique réverfible un jour ; le donateur ne
peut point la révoquer ; c'eft feulement la loi qui la
réfout quand la condition arrive, jufques-là elle n'en eft
pas moins parfaite. Tel eft le fens unique des termes
dont on argumente ; les expreffions employées par
Charles d'Orléans ont été juftes, & elles étoient effentiellement compatibles avec le droit de réverfion. Dans
la donation même de 1439, Charles d'Orléans s'étoit
fervi des termes, *comme de leur propre chofe*. Dans la
donation précédente du Comté de Périgord en 1430,
il s'étoit fervi de ceux, *à toujours-mais & perpétuellement
comme de leur propre chofe*, & cependant il y avoit pareillement ftipulé un retour en fa faveur. Il n'eft point
de Lettres d'Apanage qui ne foient conçues dans un
ftyle femblable : *Pour en jouir perpétuellement & à toujours, comme de fon propre héritage. Pour poff</er, jouir
& ufer perpétuellement & héritablement par lui, fes hoirs,
fucceffeurs & ayans caufe*. C'eft ce qu'on lit entr'autres
dans les Lettres d'Apanage de la Ville de Châteauthier-
ry, accordées à Louis Duc d'Orléans lui-même en
1400, par le Roi Charles VI fon frere, dans celles du
Comté de Dreux qui lui furent auffi données en Apanage en 1401*.

Cette expreffion d'*Ayans caufe* qu'on vient de voir
dans des Lettres d'Apanage, répond à une autre des
objections de M. le Duc de Chevreufe. Parce qu'il a

* Ordon. du
Louvre, t. 8,
p. 383 & 384,
p. 448 & 449.

trouvé ce terme dans l'acte de 1441 , il en conclud que la propriété donnée à Jean d'Orléans étoit devenue telle, que le Comté de Dunois se trouvoit aliénable en faveur d'étrangers. On fera voir dans un instant que cette conséquence est nécessairement erronée, puisque l'acte de 1441 a limité, comme celui de 1439, le don du Comté de Dunois aux hoirs descendans de la chair de Jean d Orléans. Quant à présent, nous répondons que le terme d'*Ayans cause* est une expression vague, dont la signification est toujours subordonnée à la nature de la disposition où elle est insérée. Elle s'applique aux seuls descendans, lorsque les descendans sont seuls institués & appellés. C'est ainsi que dans les Lettres d'Apanage elle n'est relative qu'aux descendans mâles : c'est ainsi que dans des Lettres de Pairie (& il y en a une infinité où elle est employée) elle ne s'applique aussi qu'aux enfans mâles si la Pairie est purement masculine, & s'étend aux filles si elle est féminine. Un descendant peut n'être en effet qu'un Ayant cause, ce qui arrive s'il est simplement légataire particulier de son pere, donataire particulier de son frere, créancier de la succession paternelle à laquelle il renonce. M. d'Aguesseau en a fait la remarque dans le Plaidoyer déja cité plusieurs fois. *Quel terme*, dit-il, *peut être plus équivoque* ? *Ce terme doit être interprété*, ajoute-t-il *.

* Pag. 738.
* Pag. 745.

Mais cette interprétation , dont le mot *Ayans cause* a besoin , est ici fixée & déterminée par l'acte même de 1441 ; elle y est fixée d'une maniere si claire, qu'il est étonnant que l'objection ait été faite. L'acte porte cette clause-ci : *Et s'il advenoit que notredit frere & ses successeurs ou ayans cause , par Apanage ou autrement départît à ses* ENFANS AINSI DESCENDANS DE SA CHAIR, *comme dit est, la Châtellenie de Freteval, icelui Apanagé la tiendra de nous sans moyen & en plein fief à cause de notre Châtel de Blois.* Il est évident que Charles d'Orléans n'a désigné dans cette disposition, sous le terme d'*ayans cause*, que les enfans descendans de la chair de son donataire.

Lui-même, dans le même acte encore de 1441, rappellant le don précédemment fait de la Châtellenie de Romorantin, déclare l'avoir fait *pour son frere Jean, ses hoirs & ayans cause*; & néanmoins, dans l'acte qui contenoit la donation de Romorantin, le don ne s'adressoit qu'aux hoirs *descendans de la chair de Jean Bâtard d'Orléans*.

Que toutes ces frivoles difficultés, que toutes ces petites questions de mots disparoissent donc de cette Cause. Mais si elles en disparoissent, il ne reste plus à M. le Duc de Chevreuse qu'une derniere observation aussi peu solide que les précédentes.

Ne seroit-il pas surprenant; s'écrie-t-on, que si l'intention de Charles d'Orléans eût été en 1441 de conserver les clauses de reversion & de prohibition d'aliéner, il ne les eût pas répétées dans cet acte si essentiel ? Le silence qu'il a gardé sur ce point, prouve qu'il les a révoquées; & la preuve est d'autant plus forte, qu'il y a répété la charge de la foi & hommage & celle du ressort, quoiqu'elles fussent moins importantes.

La réponse est prompte : on a rappellé dans l'acte de 1441 les conditions de la Mouvance & du Ressort, parce qu'on vouloit y faire un changement. La Châtellenie de Freteval étoit un Fief mouvant du Comté de Dunois. Par la clauſe qui vient d'être rapportée , le Donateur a ordonné que ſi l'un des deſcendans de ſon frere recevoit à titre d'Apanage cette Châtellenie , elle ceſſeroit de relever du Dunois pour être tenue immédiatement du Comté de Blois.

On ne vouloit faire au contraire aucun changement aux clauſes de réverſion & de prohibition d'aliéner ; il étoit conſéquemment inutile de les renouveller.

Mais que diſons-nous ? N'ont-elles pas été aſſez renouvellées , puiſque la donation de 1439 a été confirmée ſi expreſſément, que le donateur a déclaré vouloir *qu'elle eût ſon plein effet & vertu , ſans jamais diminuer ou retrancher en aucune maniere ?*

N'ont-elles pas été ſuffiſamment renouvellées , puiſque la donation de 1439 a été inſcrite à la tête de l'acte de 1441? Qu'on peſe cette circonſtance. Charles d'Orléans réunit les deux actes dans une même charte, il les aſſocie l'un à l'autre ſur le même inſtrument, ſur le même parchemin , il en fait un tout indiviſible. Il a donc voulu qu'ils fuſſent tous deux exécutés. Dans le ſyſtême de M. le Duc de Chevreuſe , il étoit ſuperflu de conſerver le premier titre ; ſelon lui, l'acte de 1441 renferme une donation toute nouvelle : pourquoi donc la premiere n'auroit-elle pas été ſupprimée ? Pourquoi a-t-elle précédé la ſeconde dans la tranſcription qu'on en a faite? La volonté du donateur a donc été, encore une fois, qu'elles reçuſſent toutes deux leur exécution : elles n'étoient donc pas contraires l'une à l'autre ; l'une ne détruiſoit donc pas l'autre ; elle la confirmoit donc au contraire ; elle y ajoutoit ſeulement quelques diſpoſitions , c'étoit *incrementum accedens* , mais ces additions ne pouvoient point être des contradictions. Loin que l'on puisse suppofer ici une novation que la loi défend de préfumer jamais, le donateur ne pouvoit marquer plus clairement que fon intention étoit de n'en point faire : dès qu'il a attaché le premier acte au fecond, en ordonnant qu'il reçût fon plein effet, il eft manifefte qu'il a voulu entretenir dans leur vigueur toutes les claufes qu'il n'abrogeroit pas textuellement.

Difons plus enfin : Voici une preuve littérale & pofitive qui renverfe toutes les conjectures fyftématiques de M. le Duc de Chevreufe. Dans la claufe même qu'il invoque, dans cette partie de l'acte de 1441, où Charles d'Orléans donne de nouveau à Jean fon frere le Comté de Dunois, Charles d'Orléans répete qu'il ne le donne que pour lui, & *fes hoirs iffans de fa chair, defcendans de fa chair*. Eft-il rien de plus énergique ? Quoi ! Charles Duc d'Orléans emploie en 1441 les termes caractériftiques & facramentels, dont il s'étoit déja fervi en 1439 ! Quoi ! il limite de nouveau fa donation aux defcendans de fon donataire ! Par-là il exclud affùrément toute perfonne étrangere ; il exclud les collatéraux même. Et l'on ofe prétendre qu'il ait anéanti la réverfion & la prohibition d'aliéner ! Mais cette limitation fuppofe abfolument qu'à l'extinction de la ligue directe du donataire, le don retourneroit au donateur : fans cela, qu'auroit pu devenir le Comté de Dunois ? La poftérité feule du Donataire avoit une qualité pour le poffédeur ; il feroit donc devenu *res nullius*, à l'extinction de cette ligne defcendante, feule inftituée, feule appellée. Il ne fera jamais poffible d'expliquer la

limitation dont il s'agit , fi l'on n'admet pas la deftina-
tion formée par le droit de retour en faveur de celui qui
reftreignoit ainfi fa libéralité à un ordre de perfonnes
déterminées.

Enfin la véritable nature de l'acte de 1441 eft d'être
une confirmation ; c'eft-là l'efprit qui y domine , c'eft
ce qui en conftitue le caractere général. Auffi a-t-il
porté toujours ce nom fi remarquable de *Confirmation*.

Il y a près de deux fiecles que M. Marion , qui fut
une lumiere & un Oracle du Barreau , a analyfé ce
même acte de 1441 , ainfi que celui de 1439 , dans
un de fes Plaidoyers , à l'occafion d'une conteftation
qui s'éleva entre les defcendans de Jean Bâtard d'Orléans , pour le partage de leurs biens. M. Marion,
après avoir rapporté la donation de 1439 , la prohibition d'aliéner, la claufe de réverfion , ajoute :

Et par la CONFIRMATION *, le Duc d'Orléans , après
fon retour en France ,* CONFIRME *cette donation , par
Lettres données au Château de Blois au mois d'Août
1441 , y ajoutant feulement une claufe en ces mots : &
s'il advenoit que notredit frere ou fes fucceffeurs ou
ayans caufe, par Apanage ou autrement départît à aucun
de fes enfans defcendans de fa chair la Châtellenie de
Freteval , &c.* * M. Marion n'appercevoit d'autre différence entre les deux actes que la difpofition relative
à la Châtellenie de Freteval : à cela près , le fecond
n'étoit qu'une confirmation du premier.

* Plaidoyer 8,
édit. de 1625,
in-4°. pag. 216.

Dans le même Plaidoyer , M. Marion s'explique
fur les termes de *fucceffeurs & ayans caufe.* Une des
Parties contendantes prétendoit que la donation de
1539 renfermoit un fidéicommis graduel & perpétuel

au profit de l'aîné mâle. Contre ce syftême , M. Marion a dit : *Le Duc d'Orléans donne à fon frere , pour
lui & fes hoirs defcendans de fa chair en loyal mariage ;
& en toutes les claufes de la donation, il répete toujours,
lui & fefdits hoirs ifsans de fa chair ; & en la confirmation il dit, notredit frere ou fes fuccefseurs & ayans caufe,
qui font toutes paroles générales comprenant les mâles
& les femelles , les aînés & les puînés, relativement aux
Loix & Coutumes publiques* DES SUCCESSIONS , puifqu'il dit HOIRS ET SUCCESSEURS ; voire AUX DISPOSI-
TIONS PARTICULIERES FAITES A AUCUNS DES DESCEN-
DANS capables d'icelles, puifqu'il dit, & AYANS CAUSE**.

* Pag. 216 & 217.

Dans un autre Plaidoyer, M. Marion s'eft exprimé
en ces termes frappans : QUAND ON DONNE A TEL ET
A SES HOIRS ISSUS DE SA CHAIR EN LOYAL MARIAGE ,
CETTE PURE ET SIMPLE AFFIRMATION INCLUD EN SOI-
MÊME ET PAR SA PROPRE FORCE LA NÉGATIVE, SA-
VOIR , QU'ON NE DONNE A AUCUNS AUTRES HOIRS
QU'AUX HOIRS PROCRÉÉS DU CORPS DU DONATAIRE,
QUI PAR CONSÉQUENT NE PEUT AVOIR EN LA CHOSE
DONNÉE AUCUNS SUCCESSEURS AUTRES QUE CES HOIRS-
LA ; AU DÉFAUT DESQUELS LE DON DEMEURE NUL ,
ÉTEINT ET RÉSOLU, ET RETOURNE LA CHOSE AU DO-
NATEUR , SES HOIRS ET AYANS CAUSE *.

* Plaidoyer 33, pag. 552.

Que ce principe eft lumineux! Ainfi donc , quand
même la donation de 1439 n'auroit point renfermé de
ftipulation formelle du droit de retour , dès le moment
qu'elle limitoit le don du Comté de Dunois aux defcendans de Jean Bâtard d'Orléans , le retour auroit eu
lieu de plein droit , par la raifon que cette pure &
fimple affirmation renfermoit en foi la négative , l'opé-

roit par fa propre force , & établilfoit que nul autre
que les defcendans ne pouvant avoir de droit en la
chofe donnée , le don devoit s'éteindre avec la defcendance, fe réfoudre à cet inftant , & rentrer dans la
main du Donateur ou de fes héritiers. Si cette propofition eft vraie , & fans doute elle l'eft, ne devient-il pas
manifefte que l'acte de 1441 , qui n'a fi expreffément
appellé que les hoirs defcendans de la chair en loyal
mariage de Jean d'Orléans, a par-là , & à plus forte
raifon, confervé la réverfion déja ftipulée dans la donation de 1439 ? Cette difpofition de l'acte de 1441 auroit toute feule, par fa vertu propre, produit une réverfion : à plus forte raifon l'a-t-elle fait fubfifter , puifqu'au fond dans cet acte le donateur a eu pour objet
de ratifier , de confirmer, d'affurer davantage fa libéralité.

Après ces difcuffions , on croit pouvoir conclure ,
avec toute la certitude que produit l'évidence, que le
droit de retour en faveur de Charles d'Orléans , non-
feulement n'a point été révoqué, mais a été renouvellé,
réitéré & fortifié.

L'acte de 1445 , ce fecond acte , dont s'autorife M.
le Duc de Chevreufe, acheve de ruiner fa prétention.
Le Comte d'Angoulême, frere de Charles Duc d'Orléans , juge à propos de joindre fa ratification perfon-
nelle à la confirmation faite par le Duc fon frere. Il
fait expédier auffi des Lettres le 29 Juin 1445. Quelle
en eft la forme & la fubftance ? Il commence par rapporter dans toute leur étendue, tant l'acte de 1439,
que celui de 1441 ; il les approuve & les agrée ; il

approuve

approuve auſſi, & à l'exemple du Duc ſon frere, le douaire qui avoit été conſtitué par Jean Bâtard d'Orléans en faveur de Marie de Harcourt ſa femme. Enſuite il donne & tranſporte lui-même, *dès maintenant, à toujours, à héritage perpétuel, & irrévocablement*, à *Jean Bâtard d'Orléans*, POUR LUI ET SESDITS HOIRS DESCENDANS DE SA CHAIR EN LOYAL MARIAGE, tout le droit & toute la portion qui pouvoient lui appartenir dans le Comté de Dunois : il déclare que c'eſt *pour en jouir par Jean Bâtard*, ET SESDITS HOIRS DESCENDANS DE SA CHAIR, *de la maniere qui plus à plein étoit contenue eſdites Lettres de don*, AUX OCTROIS, CONDITIONS ET MODIFICATIONS CONTENUES EN ICELLES.

Ce ſont donc encore les deſcendans ſeuls de Jean Bâtard d'Orléans, qui deviennent les donataires du Comte d'Angoulême, comme ils l'étoient ſeuls de Charles d'Orléans. Le Comte d'Angoulême adopte donc les mêmes conditions, les mêmes modifications que le Duc ſon frere avoit établies. L'acte de 1445 eſt donc encore un titre purement confirmatif.

Un troiſieme acte de 1446 ne regarde qu'une décoration nouvelle du comté de Dunois, tant du côté de la mouvance que du côté du titre. Auſſi M. le Duc de Chevreuſe n'en argumente-t-il plus ; & là finiſſent ſes prétendues preuves de révocation.

Que devient par conſéquent cette opinion trop vantée, ſoutenue avec trop de confiance ? Et pouvoit-on ſe faire une illuſion plus fatale ? Cette opinion eſt d'autant plus déplorable, qu'encore une fois le droit de retour auroit appartenu à Charles d'Orléans, quand même il ne l'auroit pas ſtipulé ; il lui auroit appartenu par l'effet feul de la reftriction de fa libéralité aux hoirs defcendans de fon donataire; & cette limitation-là n'a point été changée par les actes de 1441 & 1445, qui au contraire la contiennent littéralement.

Mais tandis que les actes invoqués par M. le Duc de Chevreufe fecondent fi mal fes vues, la propofition qu'il a avancée ne devient-elle pas tout-à fait infoutenable, à la vue d'autres titres qui ont fuivi ceux même dont il fe prévaut?

Deux dons nouveaux furent faits par Charles, Duc d'Orléans, à Jean fon frere, l'un de dix Fiefs fitués dans la Châtellenie de Marchenoir, l'autre des Halles de Bonneval & des Terres d'Onzenain & de Ronzay. Ces nouveaux dons furent confignés dans deux Chartes, datées du même jour premier Juillet 1452.

Dans la premiere, on exprima que les dix Fiefs feroient joints au Comté de Dunois, pour les tenir fous le même hommage, *felon les conditions, formes, manieres & modifications contenues ès lettres de don dudit Comté.*

La feconde eft plus claire encore. C'eft le donataire qui reconnoît dès le préambule que Charles d'Orléans lui avoit donné le Dunois, fans en rien retenir ni excepter, *fauf les foi & hommage-lige, & le reffort & fouveraineté, fous certaines conditions & modifications plus à plein déclarées ès Lettres de don fur ce faites.* Il n'y avoit eû que quatre charges attachées au don du Dunois, l'hommage, le reffort, l'interdiction d'aliéner, & le retour. Le donataire parle des deux premieres, & il ajoute: *fous certaines conditions & modifications plus à plein déclarées.* Quelles pouvoient être ces autres

conditions, ces autres modifications, finon la réverfion & la défenfe d'aliéner ?

Enfin nous préfentons un Aveu & dénombrement.
On fait quelle eft en général la force des Aveux ; ils
font le renouvellement de l'inveftiture, ils repréfentent
le titre primitif, ils en font les interprêtes les plus fûrs,
les garans les plus certains. Celui-ci d'ailleurs eft marqué aux caracteres les plus refpectables. Il eft le premier, il eft même le feul qui ait été donné au Roi en
fa Chambre des Comptes de Blois, pendant toute la
durée de la Maifon de Longueville ; & il y avoit alors
près de 150 ans qu'elle jouiffoit du Comté de Dunois &
de toutes les Seigneuries dépendantes de ce grand Fief.
On ne pouvoit prendre des précautions trop exactes,
pour rédiger dans les regles un aveu fi important ; auffi
refta-t-il plus d'un an fur le Bureau. Préfenté à la
Chambre des Comptes le 25 Juin 1586, il ne fut reçu que le 23 Juillet 1587, par un Arrêt rendu avec
le Miniftere public. Et que porte-t-il ?

On y a rappellé textuellement la charge & condition ftipulée dans la donation de 1439, qu'*au cas que
ledit Jean Bâtard décédât fans enfans légitimes procréés
de fa chair, le Comté de Dunois & la Vicomté de Châteaudun retourneroient aux hoirs du Duc d'Orléans,
Comte de Blois.*

On a dit enfuite : *felon laquelle claufe & condition
& à la charge d'icelle, ainfi qu'il eft porté par lefdites
Lettres de don & confirmations, fans y déroger, le préfent dénombrement eft baillé.*

La voilà donc expreffément rapportée, cette charge
effentielle de réverfion ; la voilà reconnue dans un acte

féodal, la voilà déclarée par un Aveu, confacrée par un Arrêt. D'un autre côté, les titres dont M. le Duc de Chevreufe argumente, ont été vus, difcutés, comparés avec la donation de 1439, & ils ont été jugés n'être que des titres confirmatifs; car on ne peut appliquer qu'aux actes de 1441 & 1445, ces termes de *confirmations* qui fe trouvent dans l'aveu. C'eft une Cour fupérieure qui, après un an d'examen, a décidé contradictoirement avec les Parties intéreffées, que la réverfion, loin d'avoir éprouvé quelqu'atteinte, avoit été confirmée.

Que faut-il donc de plus? Et la premiere objection propofée au nom de M. le Duc de Chevreufe, n'eft-elle pas, pour ainfi dire, dérifoire? Dans le droit, point de novation, point de dérogation fans une expreffion pofitive. Dans le fait, la difpofition qui fert de fondement au fyftême chimérique de révocation, s'explique facilement, d'une maniere qui, en rempliffant la valeur de tous les termes, la rend très-compatible avec la réverfion. Il y a plus; il feroit impoffible d'entendre cette même difpofition, fi l'on n'admettoit pas l'exiftence du droit de retour. La limitation aux defcendans produit elle même une réverfion. Enfin il y a des actes fubféquens, il exifte fur-tout un Aveu qui fixe invariablement le dernier état des chofes.

RÉPONSES A LA SECONDE OBJECTION.

Sur la prétendue caducité du droit de retour.

La réverfion n'a donc point été détruite. Mais a en

croire les Adverſaires, elle ſe ſera anéantie d'elle-même, comme attachée à des conditions qui ne ſe ſont point accomplies.

Deux cauſes de caducité.

En premier lieu, le retour n'avoit été ſtipulé & ne devoit avoir lieu qu'au cas où Jean Bâtard d'Orléans & ſes hoirs mourroient ſans enfans : Or Jean d'Orléans & ſes hoirs ne ſont pas morts ſans enfans.

Quelle ſubtilité ! Auroit-on dû ſe la permettre, lorſque non-ſeulement les regles de droit les plus connues, mais les termes mêmes du titre la démentent ?

La Loi a prononcé depuis long-tems que, *Liberorum appellatione nepotes & pronepotes, cæterique qui ex his deſcendunt, continentur.* L. 220, de verb. ſignif. Lorſque je me réſerve un droit de retour au cas que mon donataire & ſes hoirs meurent ſans enfans, je comprends par-là tous les deſcendans de mon donataire.

Mais après tout, le titre même de la donation leve ici toute équivoque.

Lui donnons pour lui & ſes hoirs DESCENDANS *de ſa chair en loyal mariage,* nos Comté de Dunois & Vicomté de Châteaudun.

A les avoir & poſſeder par notredit frere & par ſeſd. hoirs DESCENDANS *de ſa chair, comme de leur propre choſe.*

Pourvu que lui ni ſeſdits hoirs ne pourront les vendre ni tranſporter.

Vient après cela la clauſe de retour : *Et au cas que notredit frere B[â]t[ar]d &* SESDITS *hoirs iront de vie à trépaſſement ſans [hoirs] de leur chair, leſdits Comte &*

Vicomté retourneront à Nous & à nos hoirs de plein droit.

La difposition ne porte pas *fes hoirs* feulement : elle porte *fefdits hoirs*, terme relatif qui fe réfere à tous les hoirs defcendans de la chair nommés dans les claufes précédentes : donc le retour a été ftipulé pour s'effectuer à l'extinction de la poftérité du Donataire, en quelque tems que cette poftérité s'éteignît.

Le fecond prétexte fur lequel on fonde la caducité de la réverfion, n'a rien de plus réel.

On prétend que le retour ne devant s'opérer qu'en faveur du Donateur ou de fes hoirs, il étoit néceffaire qu'à la mort des derniers Defcendans de Jean d'Orléans, c'eft-à-dire en 1694 ou en 1707, époques du décès de M. l'Abbé d'Orléans & de Madame la Ducheffe de Nemours, il exiftât un héritier, un hoir de Charles Duc d'Orléans, & que cet héritier eût réuni à la Couronne le droit réfultant de cette convention de retour. Or il y avoit long-tems, ajoute-t-on, que l'*hoirie*, c'eft-à-dire la ligne de Charles, Donateur, étoit éteinte. Ce point de fait eft prouvé par les Lettres patentes du mois d'Août 1660, qui, fondées fur de premieres Lettres de 1446, n'ont attribué à la Couronne la mouvance immédiate du Comté de Dunois, que parce que *la ligne de Charles d'Orléans étoit finie par le décès de Louis XII, comme la ligne mafculine du Comte d'Angoulême étoit finie en la perfonne de Henry III.*

On reproche à M. le Préfident de Saint-Michel de n'avoir pu encore répondre à cet argument ; c'eft qu'on ne fait que de le lui propofer : du refte il eft facile de le réfoudre, & de le réfoudre invinciblement, de deux manieres.

Il eft très-vrai que la ligne directe mafculine de Charles Duc d'Orléans a fini à Louis XII, & que fa defcendance féminine s'eft éteinte avec la poftérité mafculine du Comte d'Angoulême fon frere, dans la perfonne de Henry III. Mais le droit de retour qui lui appartenoit, n'en a pas moins fubfifté, parce que d'un côté le Trône en avoit été faifi à l'avénement de Louis XII, & que de l'autre il exiftoit fur le Trône, à la mort de l'Abbé d'Orléans & de la Ducheffe de Nemours, un héritier de Charles, Donateur ; héritier collatéral fans doute, mais qui n'en étoit pas moins capable de lui fuccéder.

Premierement, la Couronne avoit été faifie au moment que Louis XII en ceignit fa tête.

Les ftipulations portées dans des contrats font bien différentes des difpofitions, qui ne fouffrent ni tranf-miffion ni repréfentation. Un legs conditionnel s'éva-nouit, fi la condition ne s'accomplit point pendant la vie du Légataire, parce que c'eft la perfonne du Lé-gataire que le Teftateur eft préfumé avoir eue en vue. La même regle eft obfervée pour les fidéicommis, qui en eux-mêmes font auffi des legs conditionnels. Mais dans les contrats, celui qui ftipule pour foi, ftipule en même tems pour fes héritiers. La ftipulation produit un droit, engendre une action qui devient une portion des biens du ftipulant : d'où il fuit que, quoique la fti-pulation foit conditionnelle, l'effet en eft pleinement tranfmiffible ; l'action qui en naît ne s'ouvrira que lorfque la condition viendra à s'accomplir, mais elle n'en est pas moins formée & acquise avant cet événement.

Cette distinction est écrite dans toutes les Loix. *Intercidit legatum, si ea persona decesserit cui legatum est sub conditione.* L. 59. D. de Cond. & demonst. Au contraire: *Ex stipulatione conditionali spes est debitum iri ; eamque ipsam spem in hæredem transmittimus, si priusquàm conditio extet, mors nobis contigerit.* Instit. de verb. oblig. §. 4. *Generaliter sancimus omnem stipulationem.... & ad hæredes, & contra hæredes transmitti, sive specialis hæredum fiat mentio, sive non.* L. 13. Cod. de contrah. & committ. stipul.

Mais, qu'est-il besoin d'établir plus particulierement des principes qui sont présens aux esprits des Magistrats? La Cour vient de les consacrer par un Arrêt tout récent, du mois de Février dernier, dans une Cause du Marquis de Mesmes, sur les Conclusions de M. l'Avocat Général Barentin. Un sieur Lhéritier avoit donné à sa belle-niece par contrat de mariage une somme de 30000 liv. Il avoit stipulé, qu'en cas de décès de la future Epouse sans enfans, la somme lui retourneroit. C'étoit là toute la clause, en sorte que le retour sembloit ne regarder que le donateur. Il meurt, & sa donataire lui survit trente-quatre ans. Contestation. On prétendoit que le retour étoit devenu caduc par le décès de ce Donateur, qui avoit borné à sa personne l'effet de sa stipulation. Les enfans du Donateur ont soutenu au contraire que le droit de réversion avoit été acquis à leur pere dès le premier instant; que ce droit étoit *in bonis* du stipulant; que conséquemment il avoit passé à ses héritiers

comme

comme un bien de la nature de tous les autres biens, ſuivant cette regle : *æquè bonis adnumerabitur, etiam ſi quid eſt in actionibus, petitionibus, perſecutionibus ; nam hæc omnia in bonis eſſe videntur.* L. 49. D. de verb. ſignific. Et c'eſt en effet ce que la Cour a jugé par ſon Arrêt, confirmatif d'une Sentence du Parc Civil du Châtelet.

Les conſéquences de ces principes ſe préſentent ici facilement. Charles Duc d'Orléans a ſtipulé dans un Contrat de donation un retour en ſa faveur, & en faveur de ſes hoirs. Nous n'aurions pas beſoin de cette partie de ſa convention qui s'applique à ſes hoirs. Quand il n'auroit établi le retour que pour lui ſeul, l'effet en ſeroit le même ; il l'auroit toujours tranſmis à ſes héritiers. Or le Roi Louis XII a été ſon fils & ſon héritier.

Louis XII a donc recueilli le droit de retour dans la ſucceſſion du Duc ſon pere. Il monte en cet état au Trône. Il apporte donc au Trône ce droit qui lui appartenoit ; le Trône en a dès-lors été ſaiſi ; & une fois ſaiſi, il n'a point pu le perdre.

Qu'on ne prétende point qu'il falloit toujours qu'à l'extinction de la deſcendance de Jean d'Orléans, il exiſtât des hoirs du Donateur ? Sans doute : auſſi le Trône exiſtoit : le Trône ne meurt point, & c'étoit là l'*hoir* du Donateur. Puiſque la Couronne avoit acquis par la main de Louis XII tous les biens dont ce Monarque étoit propriétaire, le droit de reprendre le Comté de Dunois, quand la poſtérité du Donateur finiroit, s'eſt néceſſairement incorporé au Domaine de la Couronne. C'étoit une action réelle, repréfentative du Fief qu'elle avoit pour objet ; cette action n'attendoit pour s'ouvrir, qu'un événement qui, dans l'ordre des chofes, devoit arriver un jour; jufques-là l'exécution étoit feulement différée : *dies nondum venerat ;* mais le titre étoit formé, *dies cefferat.*

Après cette démonftration qui eft du premier ordre, la feconde raifon que nous avons à donner, ne peut plus être confidérée que comme furabondante. Elle eft cependant très-forte encore.

En effet Louis XIV vivoit, quand la Ducheffe de Nemours eft morte. Louis XIV étoit perfonnelle-ment héritier de Charles d'Orléans, & néceffairement l'héritier le plus proche. Qui pourroit en douter? N'eft-ce pas toujours la Race des Capétiens qui regne glorieufement fur nous ? La Branche des Bourbons n'a-t-elle pas eu la même fource que la Branche d'Or-léans & des Vallois? Charles d'Orléans & Louis le Grand font également defcendus de ce Monarque ré-véré, qui joignit au courage d'un Héros, les vertus du Chrétien le plus auftere. Henry IV n'a porté la Cou-ronne, que parce qu'il étoit le plus proche parent de Henry III.

Louis XIV étoit auffi, à l'époque dont il s'agit, l'hé-ritier lignager, & le feul lignager de Charles Duc d'Or-léans. Les fucceffions des Propres fe déferent tant que le lignage fe peut compter. Il en eft même ainfi des fucceffions de tous les autres genres de biens. Mais cette regle eft fur-tout écrite dans toutes nos Coutu-mes, pour les biens propres. Or le droit de retour, dont il eft queftion, étoit un Propre en effet. Un droit eſt une action; une action eſt mobiliere ou im-mobiliere, ſuivant l'objet auquel elle tend, ſuivant le terme auquel elle aboutit. Une action qui a pour but la poſſeſſion & la propriété d'un immeuble, eſt immo-biliere; elle eſt par conſéquent ſuſceptible de l'impreſ-ſion du caractere de propre. Ainſi Louis XIV, parent du côté & ligne de l'Acquéreur du Comté de Dunois; Louis XIV propriétaire du droit de retour qui devoit lui rendre ce Comté, poſſédoit dans ce droit de retour un immeuble propre. Lors donc que ce droit eſt venu à ſe réaliſer ſous ſon regne, il avoit une qualité incon-teſtable pour recueillir le Comté qui en étoit l'objet; il pouvoit par conſéquent alors, ou pour mieux dire, il auroit pu de ſon chef réunir ce grand Fief à ſa Cou-ronne, ſi cette réunion ne s'étoit pas déja opérée du chef de ſon prédéceſſeur Louis XII.

Qu'on ceſſe d'oppoſer que Charles d'Orléans, par le terme d'*hoirs* n'a entendu appeller que des hoirs mâles & en ligne directe. La parenté de Louis XIV avec Charles d'Orléans, étoit conſtamment maſculine, elle avoit conſtamment été formée par des mâles dans toutes les générations; & quant à la qualité de pa-rent en ligne directe, Louis XIV n'en avoit pas beſoin.

On a déja dit que quand même Charles d'Orléans n'eût ſtipulé le retour que pour lui, le droit auroit été également tranſmiſſible à ſes héritiers. Or ces héritiers, à qui le droit ſe feroit traſmis, ne pouvoient-ils pas être des collatéraux comme des deſcendans? La loi des ſucceſſions, la ſaiſine légale qu'elle opere, agit-elle dans la ligne collatérale moins efficacement que dans la ligne directe?

D'ailleurs il ne faut pas s'y méprendre, Charles d'Orléans a employé dans la clause de retour cette expression générique, *nos hoirs*; & il n'ignoroit pas la différence de ce terme d'avec ces autres termes, *hoirs descendans de la chair*. En même tems qu'il ne donne le Dunois qu'aux hoirs issans de la chair de son frere en loyal mariage, il stipule le retour pour lui & ses hoirs indistinctement; il a donc entendu assurer ce droit à tous ses héritiers quels qu'ils fussent, il l'a communiqué à toute sa Maison.

Les Lettres patentes de 1446, celles de 1660 achevent de le prouver. Charles d'Orléans, en parlant de ses hoirs par rapport à la mouvance du comté de Dunois, les a désignés par les termes d'*hoirs procréés de son corps*. Par sa donation de 1439, il avoit fait du Dunois un Fief servant du comté de Blois, il en avoit fait un arriere-Fief de la Couronne. Desirant ensuite le rehausser en dignité, il déclare que le comté de Dunois relevera de la Couronne en deux cas; l'un, s'il mouroit *sans hoirs procréés de son corps*; l'autre, si le Comte d'Angoulême son frere mouroit *sans hoirs mâles procréés de son corps*. Toutes ces différences de langage annoncent la différence des vues dont le donateur étoit animé. Charles d'Orléans a voulu accorder une nouvelle faveur à son frere naturel, en rendant au Dunois les prérogatives d'un Comté mouvant en plein Fief de la Couronne; mais il n'a pas voulu que cette grace pût nuire à sa postérité masculine ni féminine, tant que ses descendans seroient Comtes de Blois. Il a ordonné que ses descendans jouiroient comme lui de la supériorité féodale sur le Dunois, & il n'a à cet égard envisagé réellement que ses propres descendans. Mais quant à la propriété du Dunois, elle étoit plus importante, il n'en a point borné la réversion aux hoirs procréés de son corps, il l'a stipulée pour ses hoirs en général ; il l'a donc stipulée pour toute sa maison en directe & en collatérale. C'est ce contraste même d'expressions qui manifeste l'intention de ce Donateur ; & il faut accomplir chacune de ses dispositions, telles qu'elles ont été écrites. Ce seroit tromper sa volonté que de ne pas appliquer à ses hoirs collatéraux un droit de retour qu'il a voulu nécessairement leur communiquer, puisqu'il n'a point à cet égard prononcé les mots *d'issans*, *descendans*, *procréés*, qu'il avoit sçu employer d'une maniere si distincte dans les autres circonstances.

Toutes ces raisons démontrent que la convention & la loi se réunissoient pour opérer en faveur de Louis XIV une vocation effective au Comté de Dunois. Mais enfin le même droit appartenoit déja à la Couronne dès l'instant que Louis XII, fils du Donateur, fut appellé à régner sur un peuple dont il a mérité d'être nommé le Pere.

Réponses a la troisieme Objection.

Sur la prétendue substitution sujette à un épuisement de degrés.

Que cette derniere Proposition est pleine d'erreurs ! qu'elle est absurde même ! Et cependant, ce qui eſt incompréhenſible, elle paroît avoir été le principe de cette ſécurité malheureuſe qui a entraîné M. le Duc de Chevreuſe dans un Procès de la plus grande importance, où il riſque de tout perdre ſans eſpérer de rien gagner.

On s'exprime ainſi dans le Mémoire imprimé en ſon nom : « Un retour ſtipulé avec la défenſe d'aliéner » eſt certainement une véritable ſubſtitution ; la dé- » fenſe ſeule d'aliéner renferme une ſubſtitution , mais » cela eſt encore plus évident lorſqu'à cette défenſe ſe » joint une ſtipulation de retour. Cette ſtipulation en » effet n'eſt autre choſe qu'une ſucceſſion de Poſſeſſeurs, » qu'un ordre de vocations, qui intervertit l'ordre établi » par les Loix, & qui ſubſtitue à la vocation légale une » vocation particuliere & conventionnelle. De-là il ré- » ſulte qu'un pareil retour doit être aſſujetti à toutes les » Loix des ſubſtitutions, & qu'il doit être reſtreint » aux degrés que les Ordonnances ont fixés en cette » matiere ».

Encore une fois, quelles illuſions ! quelle confuſion d'idées , de termes , d'objets & de principes ! Quoi ! parce qu'une défenſe d'aliéner ſera jointe à une ſtipula- tion de retour, il en naît une ſubſtitution ! Quoi ! la convention ſeule de retour forme une ſubſtitu- tion ! Quoi ! un retour produit une ſucceſſion de poſſeſſeurs , introduit un ordre de vocations , trouble toute l'harmonie des Loix ! Quoi ! un retour, même ſans avoir procuré un inſtant de jouiſſance à celui qui l'avoit ſtipulé en ſa faveur, ſera ſujet à périr par un épui- ſement de degrés ! Il n'eſt pas un mot dans toutes ces aſſertions qui ne ſoit un paradoxe biſarre.

Réduisons d'abord la queſtion aux idées les plus ſimples, aux notions les plus claires. Et déja il faut conſidérer que M. le Duc de Chevreuſe repréſente à titre univerſel M. le Prince de Neufchatel ſon ayeul ; que le Prince de Neufchatel a repréſenté au même titre, en qualité de Donataire & de Légataire univerſel, Madame la Ducheſſe de Nemours ; que la Ducheſſe de Nemours repréſentoit de même à titre univerſel Jean Bâtard d'Orléans. Il faut conſidérer en même tems que le Roi, héritier de Charles d'Orléans, repréſente auſſi Charles d'Orléans à titre univerſel. C'eſt de ce point de vue ſous lequel la Cauſe ſe place naturellement, qu'il s'agit d'examiner s'il eſt poſſible que le retour qui a été ſtipulé entre Charles d'Orléans & Jean ſon frere, devienne illuſoire.

En ſorte qu'on n'a rien à démêler avec des tiers, avec des créanciers, avec des acquéreurs, avec tels autres poſſeſſeurs à titre ſingulier, qui pourroient ſe faire un prétexte de leur ignorance, faire valoir leur bonne foi, faire parler les Loix qui veillent à la ſûreté publique, les Loix de la patrimonialité des Fiefs, les Loix des preſcriptions. Non : toutes ces ſortes de conſidérations ſont ici étrangeres : ce ſont les Contractans mêmes, qui, par un effet de la ſubrogation légale des héritiers aux défunts, ſe trouvent être les Parties dans cette Cauſe.

C'eſt Charles d'Orléans qui s'adreſſe à un poſſeſſeur, tenu des faits & des engagemens de Jean Bâtard d'Orléans. Il redemande le comté de Dunois. Il dit : J'avois fait un don magnifique à mon frere, parce qu'il m'avoit rendu des ſervices. L'affection que j'avois pour lui s'étendoit jufques fur la poftérité dont il feroit le pere ; j'ai voulu que ma Terre reftât dans fa defcendance, & je fouhaitois, fans doute, qu'une famille que j'aimois eût une longue durée ; mais comme je n'entendois exercer ma libéralité qu'en faveur de la ligne directe qui naîtroit de mon frere, j'ai impofé la loi que, lorfqu'elle feroit finie, ma Terre rentrât dans ma main ; & pour affurer l'effet de ce retour, j'ai défendu toute aliénation. La Maifon de mon frere eft éteinte, & la perfonne qui la derniere a porté fon nom, a fait un don univerfel à un étranger, qui n'étoit point un des objets de mon choix ; il doit me rendre ma Terre, & je la réclame. Cet étranger s'y refufe ; il allegue des Ordonnances qui veulent que les fubftitutions s'éteignent après que quatre générations ont joui des biens. Charles d'Orléans répond : Il y a bien de l'ingratitude dans votre réfiftance. Que parlez-vous de fubftitution ? Je n'ai point établi de fubftitution contre moi, à mon préjudice. Que parlez-vous de jouiffance & de degrés remplis ? Je n'ai pas joui un feul moment du comté de Dunois depuis que je l'ai donné à ceux de qui vous le tenez ; ce font eux, c'eft vous qui l'avez poffédé. Hé quoi, vous voulez m'oppofer votre propre poffeffion, ouvrage de ma bienfaifance, pour fruftrer le droit de retour que je m'étois réfervé ? Ainfi donc il y a des Loix qui livrent le fort des contrats les plus légitimes à la volonté de ceux qui ont reçu un bien confidérable fur la foi de ces contrats ! Il leur feroit permis de conferver le bénéfice & de s'affranchir de la charge ! Quoi ? eft-il poffible que parce qu'un Donataire ou fa famille vivent long-tems, un retour ftipulé s'évanouiffe ?

nouiſſe? La longue exiſtence de cette famille étoit conforme aux vœux du Donateur, elle étoit dans ſon intention ; & parce que ſa volonté a été accomplie dans ce point, elle ſera éludée & trompée dans une autre partie eſſentielle qui le regardoit lui-même ! Mais ce n'eſt point par la Loi des ſubſtitutions que ce prodige d'injuſtice pourroit s'opérer, ce ne pourroit être que par la Loi des preſcriptions : Et encore s'y oppoſe-t-elle elle-même, elle refuſe ſon ſecours à ceux qui prétendroient preſcrire contre leur propre titre.

Voilà ce que la raiſon fait entendre aux cœurs de tous ceux qui en écoutent la voix. Qu'on ne faſſe point l'injure aux Loix Civiles de les croire en contradiction avec ces regles d'équité naturelle : c'eſt à cette ſource ſi pure qu'elles ont toujours puiſé leurs déciſions.

M. le Duc de Chevreuſe ſuppoſe une ſubſtitution : où eſt-elle? où peut-il la placer? Eſt-ce dans la Famillle du Donataire, ou eſt-ce dans la Maiſon du Donateur? Réſulte-t-elle ou de la prohibition ſeule d'aliéner, ou de la réverſion ſeule, ou du mêlange & de l'union de toutes deux ?

D'abord la défenſe d'aliéner ne forme pas une ſubſtitution indéfiniment.

Les Loix diſtinguent : ou cette défenſe eſt faite ſans déſignation de cauſe & de perſonnes, alors elle eſt inutile. *Je donne ma Terre à Jean, & je lui défends de l'aliéner.* La défenſe eſt vaine. On peut grever ſon donataire ; mais quand on ne le greve pas, on ne peut point gêner l'exercice de ſa propriété en lui interdiſant la faculté d'aliéner, & on ne le greve pas quan

M

on ne nomme perſonne pour lui ſuccéder. *Qui teſta-mento vetant quid alienari, nec cauſam exprimunt prop-ter quam id fieri velint ; niſi invenitur perſona cujus reſpectu hoc à teſtatore diſpoſitum eſt, nullius eſt mo-menti ſcriptura, quaſi nudum preceptum ; talem legem non poſſunt dicere.* L. 114, §. 14. D. de legat. 1. C'eſt-là un premier cas.

Ou au contraire la prohibition a été faite avec déſignation de perſonnes ; il faut alors ſous-diſtin-guer : ou ces perſonnes ſont des individus certains, ou elles n'ont été indiquées que collectivement.

Si ce ſont des individus déterminés, il en réſulte ſans contredit une ſubſtitution. *Je donne à Jean ma Terre, & je lui défends de l'aliéner parce que j'entends que ſon fils en profite.* Le fils eſt appellé, la Terre de-meure en ſa faveur dans les liens d'un fidéicommis.

Mais ſi la déſignation n'a été faite que collective-ment ; par exemple, *je donne à Jean ma Terre, & je lui défends de l'aliéner, parce que j'entends qu'elle ſoit con-ſervée dans ſa famille,* il ne regne point de ſubſtitu-tion entre les membres de la famille tant que la Terre y demeure. L'ordre des ſucceſſions & des diſpoſitions entre eux n'eſt ni interrompu ni changé : c'eſt la Loi, ou c'eſt la volonté des peres qui défere cette Terre comme un autre bien abſolument libre : l'aliénation ſeule hors de la famille eſt interdite ; & ſi elle vient à être aliénée, cette contravention n'ouvre en faveur des autres perſonnes de la même famille, uu'une action pour la réclamer comme un fidéicommis caſuel. *Fratre he-rede inſtituto petit, ne domus alienaretur, ſed ut in fa-miliâ relinqueretur : ſi non paruerit hæres voluntati, ſed*

domum alienaverit, vel extero herede instituto decesse-
rit ; omne fideicommissum petent qui in familiâ fuerunt.
L. 69, §. 3, D. de leg. 2.

Tout le monde doit sentir combien ces distinctions
sont judicieuses ; & pour qu'on ne les révoque point
en doute, voici encore quelques textes d'Auteurs re-
commandables.

Dumoulin dit : *Tenent communiter omnes Doctores*
ubique, & est vera & communis sententia, quod pro-
hibitio alienationis quantumcumque caufata, etiam
caufâ fonante in perpetuum & graduale fideicommissum;
non tamen fideicommissum inducit, nifi in cafum con-
traventionis, id est, non inducit fideicommissum fucces-
fivum de uno ad alium gradatim, fed fideicommissum
cafuale, in eventum dictæ contraventionis duntaxat.
Consil. 1, pro Duce Vil. herm. §. 9.

Peregrinus établit de même que, *Fideicommissum*
hujufmodi non est fimplex & abfolutum, fed conditio-
nale, fi fequatur alienatio . . . in cafu alienationis tan-
tùm committitur . . . non committitur nifi in cafu contra-
factionis. De fideic. art. 14, nomb. 6 & 7.

On est en état, après ces explications, de juger
de la nature des défenfes d'aliéner que renferme la
Charte de donation de 1439. 1°. Cette prohibition
n'a eu qu'une caufe relative au droit de retour. 2°.
Quand on fuppoferoit qu'elle étoit en même tems
établie en faveur des defcendans du donataire, elle
n'auroit formé par rapport à chacun d'eux qu'un fidéicommis cafuel & conditionnel. 3°. Quand on admet-
troit qu'elle formoit un fidéicommis pur & véritable,
& qu'en conféquence ce genre de fubftitution s'est

anéanti après la jouiſſance des quatre premiers poſſeſſeurs, cette réplétion de degrés par rapport à eux
n'aura jamais pu influer ſur le droit de retour par rapport au Donateur.

En effet, Charles d'Orléans a indiqué clairement la
cauſe qui le portoit à défendre l'aliénation du Comté
de Dunois, c'étoit parce qu'il vouloit que ce Comté
lui revînt après l'extinction de la famille de ſon donataire. Il étoit conséquent que juſques-là le Comté de
Dunois reſtât dans cette famille. Charles d'Orléans
ne vouloit point être expoſé à recourir contre des tiers
détenteurs.

Dans le plaidoyer de M. Marion, déja cité, on lit : *La prohibition d'aliéner, charger & hypothéquer les choſes données en maniere quelle que ce ſoit, ſinon pour le douaire, n'eſt pas appoſée pour induire un fidéicom-mis, mais ſeulement pour le plein effet de la réverſion qui eſt la ſeule cauſe exprimée; tellement que n'y ayant aucune autre charge de reſtitution, la prohibition au re-gard de toute autre perſonne, ſeroit un nud prétexte, de nul effet ſelon la Loi.* Page 217.

Mais veut-on que la défenſe d'aliéner ſe rapportât
auſſi à la deſcendance de Jean d'Orléans, donataire?
Dans ce cas-là même, elle ne conſtituoit point un
fidéicommis graduel, mais ſeulement un fidéicommis
deſtiné à produire une action révocatoire dans le cas
d'une contravention à cette défenſe d'aliéner. Et dans
le vrai, le Comté de Dunois n'a-t-il pas été gouverné
librement, pendant tout le tems que la Maiſon de
Longueville a ſubſiſté? Les peres ont pu en diſpoſer

en faveur de leurs enfans. Jean Bâtard d'Orléans a
lui-même fait un teſtament ; des freres ont pu donner
ce Comté à leurs freres. M. l'Abbé d'Orléans l'avoit
legué à M. le Comte de Saint-Pol ſon frere. Lorſque
la volonté de l'homme n'en diſpoſoit pas, c'étoit la
Loi qui le déféroit ſelon l'ordre ſucceſſif. Les filles ont
pu y prendre part comme les mâles, les puînés comme
les aînés ; c'eſt ce que M. Marion ſoutient dans tout
le cours de ſon plaidoyer. Deux Arrêts de 1605 &
1622, en ont ordonné le partage, en laiſſant néanmoins une faculté de récompenſer en d'autres Terres.
Où étoient donc les marques de cette ſubſtitution
que M. le Duc de Chevreuſe annonce en produiſant
le teſtament même, les actes de partage, les Arrêts,
qui en éloignent toute idée?

Enfin, malgré tous ces monumens contraires, il
aura exiſté une ſubſtitution, nous le voulons bien ;
cette ſubſtitution ſe ſera éteinte ſur la tête du quatrieme deſcendant de Jean d'Orléans : ſoit. La Ducheſſe
de Nemours, ſi elle eût eu des enfans, n'auroit point
été grevée envers eux, & ſi elle eût eu des collatéraux
capables, il ne reſtoit à ces collatéraux aucune action
pour attaquer l'aliénation qu'il lui a plû de faire :
nous le voulons bien encore ; nous admettons tout
cela avec M. le Duc de Chevreuſe. Que peut-il
en réſulter par rapport au droit de retour appartenant
au Donateur? C'eſt préciſément parce que le Comté
de Dunois ne pouvoit plus être, conformément à ſa
deſtination premiere, dans la Maiſon de Jean d'Orléans, que le droit de retour s'eſt ouvert dès le moment
de l'aliénation. Il s'eſt ouvert, & à raiſon de la contra-

vention faite à une défenſe que le Donateur avoit portée, & par la raiſon que le Comté de Dunois ne pouvoit plus être dans la main des Deſcendans que le Donateur avoit ſeuls préférés à lui. Nous donnerons encore plus de jour à cette derniere réflexion, en exa-
minant la Donation de la Ducheſſe de Nemours de
1694, & la Tranſaction de 1712.

Quant à préſent, en voilà plus qu'il n'en faut pour
ſentir que l'opinion d'une ſubſtitution fondée ſur la
défenſe d'aliéner, eſt une chimere.

En peut-on trouver une plus réelle dans la clauſe
de retour? Non : & il eſt encore plus révoltant de le
penſer. Eſt-ce qu'une réverſion paſſa jamais pour être
une ſubſtitution ? Qu'on entende de nouveau M.
Marion dans ſon Plaidoyer ſi ſolide & ſi lumineux :

*La clauſe contenant qu'au cas que le Donateur &
ſeſdits hoirs iront de vie à trépas, ſans enfans de leur
chair procréés en loyal mariage, les choſes données retourneront au Donateur & à ſes hoirs de plein droit, n'eſt pas
une reſtitution à un tiers, mais une ſimple réverſion au
Donateur même ; & partant elle n'emporte aucune ſubſtitution, non plus que la réverſion ſtipulée en un bail à
vie après le décès du dernier mourant.* Pag. 217. *Re-
verſio non facit gradum ſubſtitutionis.* Bellonius, *de
jure accreſcendi.* Cap. 9. Quæſt. 44. Dans les Parle-
mens établis en des Provinces où les ſubſtitutions ſont
défendues, en Bretagne, en Normandie, les réver-
ſions ſont reçues comme très-légitimes.

Il n'eſt même pas poſſible qu'une réverſion ait la nature, ni les effets d'une ſubſtitution. En ſoi, elle n'eſt
qu'une convention, & non une diſpoſition ; on n'y

voit qu'une déclaration très-jufte de la volonté d'un Donateur, qui eft affurément le maître d'attacher à fa libéralité la condition qu'il fouhaite. *Je vous donne mon bien, pour vous, & vos defcendans, à condition qu'après la mort de vous tous, il me reviendra.* Prétendre que par-là le Donateur établiffe fur lui-même une fubftitution, c'eft ce qui eft incompréhenfible.

Il eft auffi peu vrai qu'une réverfion pareille introduife une fucceffion de poffeffeurs. Lorfque par une difpofition de l'homme, contraire à la difpofition de la Loi, plufieurs perfonnes recueillent l'une après l'autre le même bien qu'elles tiennent toutes de la libéralité du Donateur, on apperçoit fans doute dans cette chaîne de poffeffeurs une gradation d'héritiers fidéicommiffaires, qui tous ne poffedent qu'une forte de dépôt ; & comme ce genre d'établiffement nuifoit au commerce des biens qui doit être libre dans la Société, nos Loix pleines de fageffe en ont voulu borner les effets, d'abord à quatre degrés, enfuite à deux. Mais eft-il donc quelque Loi qui mette dans les mêmes fers le droit de retour? Et où voit-on, relativement au Donateur qui fe le réferve, cette fuite & cet ordre de poffeffeurs ? Sa convention doit avoir fon effet une feule fois, elle ne parcourt point de degrés ; elle attend que l'événement prévu arrive, & lorfqu'il eft arrivé, elle s'exécute & fe confomme.

Un mot tranche tout ceci : les degrés ne fe comptent que par le nombre de têtes qui jouiffent ; ils ne font jamais remplis & épuifés qu'autant que deux ou quatre poffeffeurs ont recueilli les biens en vertu d'un même titre originaire. Or la Maifon d'Orléans n'a jamais joui du Comté de Dunois depuis l'année 1439 : donc les degrés ne fauroient être épuifés dans cette Maifon. S'il eft impoffible qu'une réverfion faffe une fubftitution, il eft encore plus impoffible que les degrés fe foient remplis fans qu'il y ait eu une ombre de jouiffance.

Il eft un paffage de Ricard bien expreffif : *Quoi qu'il arrive à l'égard d'une fubftitution*, un droit dépendant d'une condition *demeure toujours en fa force pour entrer en jouiffance au jour de l'échéance de la condition, dont l'éloignement ne vicie point la difpofition. L'Ordonnance improuve bien la multitude des degrés, mais non pas la diftance des conditions ; & nous n'avons point de loi jufqu'à préfent qui improuve les conditions qui peuvent n'écheoir qu'au bout de deux ou trois cents ans, même après un plus long tems.* Des Subftitutions, Chap. 9, fect. 6. Part. 1, n. 850.

Réellement la Loi des fubftitutions n'eft point celle qu'il faudroit invoquer pour l'anéantiffement du droit de retour appartenant à la Maifon d'Orléans ; peut-être même une telle application eft-elle indécente relativement au Roi, qui ne doit point être foumis à une regle d'épuifement de degrés établie pour fes Sujets. Ce qui fembleroit moins déraifonnable, ce feroit de prétexter l'antiquité du contrat de donation de 1439, de le montrer comme un titre qui, ufé & confumé de vieilleffe, a dû tomber fous le coup de la Loi des prefcriptions. Mais cet expédient ne feroit point admiffible encore.

D'un côté, point de prefcription contre le Domaine de la Couronne.

D'un autre côté, entre des particuliers même, *les conditions*

conditions qui peuvent n'écheoir qu'au bout de deux ou trois cents ans, même après un plus long tems, ne font point réprouvées. On vient de le voir.

D'un autre côté encore, & toujours entre des particuliers mêmes, la convention insérée dans la donation de 1439 seroit un pacte imprescriptible. C'est un principe connu que personne ne peut changer la cause de sa possession, *nemo causam sibi possessionis mutare potest. L. 5.* Cod. de acquir. & retin. possessione. Le titre fait toujours la loi, *& titulus perpetuò clamat.* C'est un autre principe, que la prescription ne frappe aucune action avant qu'elle soit ouverte. Car la prescription n'est qu'un genre d'exception contre une action qui, pouvant être exercée, n'a point été poursuivie. Or le retour appartenant à Charles d'Orléans, ne pouvoit s'ouvrir qu'à l'époque de la descendance de son Donataire, ou qu'à l'époque d'une aliénation faite en contravention à sa défense. Cette action a commencé seulement à naître en 1694, & à renaître en 1707: donc elle n'a jamais pu être soumise à la prescription dans les tems antérieurs.

Est-il nécessaire de répondre encore aux autres raisonnemens des Adversaires sur l'article de la substitution, qu'ils voient où personne n'en peut voir? M. le Président de Saint-Michel avoit dit dans un premier Ouvrage imprimé, que c'étoit *une erreur que de soumettre aux regles des fidéicommis une condition d'inféodation, une condition liée à un droit de retour, une condition conséquente & relative à la limitation du Don qui n'avoit été fait qu'à Jean d'Orléans & à ses hoirs descendans.* On part de-là, & après avoir accusé ce

N

langage du Préfident de Saint-Michel de n'être point lumineux, on veut bien, pour fe prêter à fes idées, fuppofer une condition d'inféodation dans la Charte de 1439. Mais que s'enfuivra-t-il, ajoute-t-on? La patrimonialité des Fiefs eft tellement la Loi commune du Royaume, qu'il n'eft permis d'y déroger par aucune condition d'inféodation. D'ailleurs un fief chargé de retour & rendu inaliénable par le titre de l'inféodation, eft un vrai fief fubftitutionnel, comme affecté aux feuls enfans mâles. M. le Préfident de Saint-Michel ne fait pas fi cette réponfe eft plus lumineufe que la fienne: mais ce qu'il y a de fûr, c'eft qu'elle ne contient encore que des applications fauffes.

Qu'un tiers à qui l'on oppoferoit les conditions d'un titre d'inféodation qui n'auroit pas reçu une publicité légale, foutînt que la Loi publique doit le protéger, on pourroit l'écouter peut-être ; mais qu'un fucceffeur à titre univerfel veuille, fous ce prétexte, fe difpenfer de remplir un engagement auquel il s'étoit expreffément foumis, c'eft ce que la Loi publique condamne, loin de l'autorifer. Le principe le plus facré de la Jurifprudence, comme de la Morale, celui qui eft la bafe de tous les autres, eft que les obligations une fois contractées doivent être inviolablement gardées: *Quid tam congruum fidei humanæ quàm ea quæ inter eos placuerunt, fervare.* L. 1. D. *de pactis.* La réverfion eft une condition que tout Seigneur concédant eft le maître d'impofer, parce que tout homme qui donne quelque chofe qu'il n'eft pas obligé de donner, a le droit de mettre à fes dons telles conditions qu'il defire. La réverfion eft même fingulierement de la nature du

fief, & tous les jours elle a son effet dans les baux em-
phitéotiques, dans les concessions taillablieres, borde-
lieres, de main-mortes, & autres connues dans plusieurs
de nos Coutumes.

Quant au prétendu Fief Substitutionnel, c'est un
Fief qui, suivant la définition qu'en rapporte M. le
Duc de Chevreuse, est affecté à des mâles exclusive-
ment, abstraction faite de toute réversion en faveur
du Seigneur. Or comment peut-il placer dans cette
classe le Comté de Dunois, lorsque lui-même le sou-
tient féminin & partable, lorsqu'il a donné à M. le Président de Saint-Michel la communication de plusieurs
Pieces qui lui ont appris que telle étoit en effet la nature
de ce Fief dans la Maison de Jean Bâtard d'Orléans?
Charles, donateur, n'a établi aucune substitution
dans la descendance de son donataire. Que signifie
donc ici cette expression scientifique de *Fief substitutionnel?*

Ainsi l'on doit le reconnoître. Les Adversaires de
M. de Saint-Michel ne se sont point entendus eux-
mêmes. Ils interrogent la Loi des substitutions; elle
ne leur répond rien; ils parlent de degrés remplis;
cela est ridicule.

Il ne s'agit entre nous que de l'exécution d'une convention qui étoit légitime, favorable, qui a été littéralement écrite, qui n'a jamais été changée, qui au
contraire a été confirmée & reconnue, qui n'est point
caduque, qui étoit imprescriptible. Comment peut-
on faire un problême de la question de savoir si une
convention juste & honnête doit être exécutée?

Tout le reste de la défense des Adversaires mérite-t-il d'être examiné ? Voyons cependant, mais aussi rapidement qu'il sera possible , ce qu'ils proposent encore.

RÉPONSES AUX PRÉTENDUS USAGES DE FAMILLE.

Tous les Ducs de Longueville qui ont joui du comté de Dunois se sont regardés & conduits, à ce qu'on annonce, comme des propriétaires libres & sans charge.

Quand cela seroit , on écarteroit d'un seul mot tous leurs prétendus actes de propriété absolue. Il suffiroit de dire : ils ont fait ce qu'ils n'avoient pas le droit de faire ; ils n'ont point pu par leur fait altérer le droit de leur Donateur.

Cependant il ne faut point faire cette injure à la Maison de Longueville.

Jean Bâtard d'Orléans , par son testament, a voulu que , si son fils mouroit sans enfans , le comté de Dunois parvînt à Catherine sa fille. Il a pu le vouloir. On l'a déja dit , dans la main de Jean Bâtard d'Orléans , depuis la donation que Charles avoit faite à ce frere naturel , le Fief de Dunois étoit devenu pour le tems de sa possession un Fief ordinaire.

Une fille qui avoit nom Renée d'Orléans en a hérité : même réponse.

Deux Arrêts en ont ordonné le partage : même réponse.

Les Ducs de Longueville ont fait une foule d'aliénations. Il y en a eu , non une foule, mais trois seulement ; les deux premieres ont été faites sous faculté de rachat , & la troisieme l'a été par la même Vassale qui venoit de donner l'aveu de 1587, où elle avoit re-

connu la réverfion ; c'étoient fans doute des befoins ur-
gens qui l'y avoient forcée.

Ils ont contracté des dettes & fubi des hypotheques,
mais pour un tems, & ils ont payé.

De bonne foi, à quoi fe réduit tout ce long amas
de titres ? A rien abfolument.

Mais il nous refte à faire à notre tour des réflexions
fur les deux derniers actes qui font les titres particuliers de M. le Duc de Chevreufe. Elles font encore
importantes.

RÉFLEXIONS

Sur la donation de 1694, & fur la tranfaction de 1712,
d'où il réfultera un nouveau Moyen en faveur de
la Couronne.

La donation faite par la Ducheffe de Nemours au
Prince de Neufchatel, eft une difpofition à titre univerfel. On l'a précédemment établi, & ce point n'a pu
être contefté ; mais ce qu'on doit obferver de nouveau, & qui ne fera pas contefté non plus, c'eft que
la Ducheffe de Nemours paroiffoit elle-même douter
de fon droit ; elle a fait écrire cette claufe remarquable:
Sans être tenue d'aucune garantie , d'aucun recours ,
pour quelque caufe que ce foit , fous quelque prétexte
que ce puiffe être , n'entendant donner que tel droit
qu'elle a , qu'elle peut avoir , & dont elle peut dif-
pofer.

N'étoit-ce pas-là un avertiffement bien marqué
pour le Prince de Neufchatel ? De-là il fort un raifon-

nement très-naturel : Ou le comté de Dunois a été effectivement transféré & donné par le contrat de mariage de 1694; en ce cas, il l'a été au mépris d'une prohibition précife d'aliéner, & au préjudice d'un droit inviolable de reverfion; une pareille donation eft effentiellement nulle. Ou la Ducheffe de Nemours, qui n'a voulu difpofer que de ce dont elle pouvoit difpofer, doit être préfumée n'avoir point donné le comté de Dunois : en ce cas, le Prince de Neufchatel & M. le Duc de Chevreufe n'auroient eu aucun titre tranflatif en leur faveur ; M. le Duc de Chevreufe n'auroit qu'une poffeffion nue & de fait. Dans l'un & dans l'autre cas, il doit rendre le Dunois.

A l'égard de la Tranfaction du 2 Mars 1712, on a vu que Madame la Ducheffe de Luynes y procéda comme Donataire univerfelle & Légataire univerfelle, & que le Comte de Matignon y parla tant en fon nom qu'au nom des autres héritiers paternels, tous defcendus par des femmes de Jean Bâtard d'Orléans.

Le Comte de Matignon avoit réclamé d'abord le Dunois; mais par la tranfaction, il l'a abandonné, non gratuitement, il paroît avoir été récompenfé par d'autres Terres à titre de licitation & de partage.

Sont-ce les raifons que faifoit valoir Madame la Ducheffe de Luynes, qui auront déterminé fon Compétiteur à fe défifter, comme il l'a fait, de toutes prétentions fur le comté de Dunois ? Ces raifons, telles qu'elles ont été écrites dans la Tranfaction, font d'une foibleffe extrême.

La premiere étoit que la donation de 1439 ne contenoit point de retour au comté de Blois, mais à la

perſonne du Donateur ; qu'ainſi ce n'étoit pas une véritable inféodation. Mais qu'importe cette circonſtance?
M. le Duc de Chevreuſe n'a pas daigné lui-même en
faire uſage dans la Cauſe, & il a eu raiſon.

La ſeconde, que la clauſe de retour avoit été réformée par la ſeconde donation de 1446. Cet argument
étoit ſi mauvais, que M. le Duc de Chevreuſe l'a encore
abandonné pour s'en tenir aux actes de 1441 & de 1445,
qui le ſervent tout auſſi mal.

La troiſieme enfin, que quand il y auroit eu une
véritable inféodation, elle auroit dû ſe reſtreindre auſſi
bien qu'une ſubſtitution aux quatre degrés de l'Ordonnance. On ſçait ce qu'il faut penſer de ce vain raiſonnement.

Ce ſont là tous les moyens qui ont procuré à M. le
Duc de Chevreuſe cette poſſeſſion ſi tranquille du
Comté de Dunois, cette poſſeſſion qu'il a voulu d'a-
bord oppoſer à M. le Préſident de Saint-Michel,
comme une barriere inſurmontable.

Aujourd'hui le Préſident de Saint-Michel argumente lui-même de cette Tranſaction de 1712, & il dit:
Le Comte de Matignon & les autres héritiers, dont le
Comte de Matignon avoit acquis les droits, deſcen-
doient donc par des femmes, à ce qu'on prétend, de
Jean Bâtard d'Orléans. Il n'eſt plus beſoin d'examiner
ſi des enfans des filles, qui ſont d'une nouvelle Maiſon, qui portent un nom différent, avoient un caractere véritable pour poſſéder le Comté de Dunois :
on peut enviſager le Comte de Matignon & ſes co-héritiers comme ayant été compris dans la vocation générique de deſcendans de la chair de Jean d'Orléans. En

ce cas , dans le fyftême de M. le Duc de Chevreufe ,
quoiqu'ils euffent été deftinés par la donation primitive
à fuccéder à leurs auteurs dans le Dunois , ils n'avoient
plus de droit à y prétendre , parce que l'épuifement des
degrés avoit laiffé à la Ducheffe de Nemours , relativement à eux , tout le pouvoir d'un propriétaire libre &
capable d'aliéner : M. le Préfident de S. Michel auroit
pu ne point attaquer cette Propofition , qui n'a & ne
peut avoir aucune forte d'influence fur le droit de retour
toujours fubfiftant dans la perfonne du Donateur ,
malgré une réplétion de degrés dans la famille du Donataire. Mais pour l'exactitude & l'honneur des principes , & en même tems pour l'établiffement du nouveau Moyen qu'il prépare , le Préfident de Saint-
Michel a fait voir qu'il n'exiftoit réellement point de
fubftitution entre les defcendans de Jean d'Orléans , ou
qu'elle étoit purement éventuelle , comme dépendante
d'un cas d'aliénation , qui feul pouvoit donner ouverture à une action pour la faire révoquer. On peut
donc penfer que le Comte de Matignon & fes co-héritiers , dès l'inftant de la donation faite par la Ducheffe
de Nemours à un étranger , auroient pu agir pour reven-
diquer le comté de Dunois , qui , remis dans leur famille ,
auroit alors repris fon premier état. Mais ils ne l'ont
pas fait. Au contraire , par la Tranfaction de 1712 , ils
ont renoncé à toute forte de prétentions fur ce Comté.
Ils ont fait toute ceffion & tout délaiffement à Madame
la Ducheffe de Luynes.

Par-là le comté de Dunois a été une feconde fois
aliéné ; par-là la loi dictée par Charles d'Orléans a fouffert une double infraction ; par-là conféquemment le

droit

droit de retour s'eſt de plus en plus ouvert en faveur de ce Donateur. Il s'eſt ouvert de plus en plus,

1°. A titre de peine pour la contravention. Une loi formelle le décide: *Eâ lege invos collata donatio, ut neutri alienandæ ſuæ portionis facultas ulla competeret, id efficit ne alteruter veſtrûm dominium prorsùs alienet ; vel ut Donatori, vel ejus heredi condictio, ſi non fuerit conditio ſervata, quæratur. L. 3 , Cod. de Condict. ob Cauſ. dat.* Lorſqu'en effet on viole une condition preſcrite par le Donateur, il doit avoir naturellement le droit de reprendre ſon bienfait.

Le retour s'eſt ouvert 2°. à raiſon de ce que le comté de Dunois ne pouvoit plus être entre les mains des Deſcendans , autoriſés ſeuls à le poſſéder. L'objet du contrat primitif n'étoit plus rempli. Charles d'Orléans n'avoit conſenti à ſe priver du Dunois que pour la famille de ſon frere ; toute la Maiſon de ce frere s'éteint, les deſcendans par des femmes renoncent. Où pourroit être le doute que le Dunois n'ait dû dès-lors rentrer au pouvoir de celui de la main de qui il étoit émané ? La renonciation des uns a produit pour le Donateur le même effet que l'extinction des autres.

Un Auteur eſtimé , *Fuſarius*, en traitant différentes queſtions relatives à la prohibition d'aliéner, a donné ces déciſions-ci , auſſi claires qu'exactes.

D'abord il dit : *Non habet dubium apud omnes quòd alienatio facta contra prohibitionem eſt ipſo jure nulla.*

Il en conclud que *dominium non poteſt dici tranſlatum in emptorem.* Queſt. 722, nomb. 1 & 18.

Il examine enſuite qui ſont ceux qui doivent être

admis à faire révoquer cette aliénation·nulle de plein droit. Il pense que c'est celui qui *proximior est* , & il ajoute que *si prior in gradu non revocat alienata , sequentes in gradu poterunt petere,* sans que le possesseur puisse *opponere quòd extent proximiores.* Quest. 732 , n. 6 & 7.

Il établit encore que *qui per patientiam non contradicunt alienationi, dicuntur alienasse.... Paria sunt alienare & alienationi consentire, etiam tacitè... Cùm isti non protestando & tacendo semper fuerint exclusi à juribus bonorum alienatorum...Quod maximè procedit, si decursa esset legitima præscriptio à die alienationis.* Quest. 318, n. 116, 117, 118 & 119.

Il est à observer que ce Jurisconsulte ne s'est expliqué que sur les cas où il existe seulement une prohibition d'aliéner ; il n'a point traité ceux où il y auroit de plus un droit de retour stipulé ; & il est sensible que lorsque la défense d'aliéner n'a été établie, comme dans cette affaire , que pour le retour , l'aliénation , qui est une atteinte donnée au droit de retour même, doit l'ouvrir à l'instant.

Mais quoi qu'il en soit, il est toujours sûr que l'ouverture de la réversion est arrivée, puisque ces descendans mêmes qui auroient eu une qualité pour attaquer l'aliénation faite par la Duchesse de Nemours , y ont au contraire acquiescé , & en ont fait une à leur tour de tous les droits qu'ils pouvoient avoir.

On n'a point allégué qu'il existât quelques autres personnes descendues également par des femmes de Jean d'Orléans , & sans doute il n'y en a point en effet. Mais quand il s'en trouveroit, ce feroit une circonftance indifférente.

Car d'un côté elles fe taifent, & en ne contredifant point l'aliénation, elles font cenfées aliéner elles-mêmes : c'eft ce que Fufarius vient de prouver. D'un autre côté, il y a long-tems que la prefcription fe feroit acquife contre eux.

Enfin frappons le dernier coup : voici un Moyen nouveau, indépendant du droit de retour même, & qui feul fuffiroit encore pour faire déclarer la Couronne propriétaire du Comté de Dunois.

Il ne manquoit à la gloire de Jean d'Orléans que d'avoir un grand Roi pour defcendant ; & l'on fe rappelle que Louis XV eft iffu de ce Héros par Charlotte d'Orléans de Longueville qui entra dans la Maifon de Savoie.

Delà, l'inaction des Defcendans plus proches, s'il y en avoit, jointe à la renonciation des premiers, auroit produit une dévolution du droit au degré qu'occupe le Roi : *fi prior non revocat, fequentes in gradu poffunt petere*, dit Fufarius. La loi le dit elle-même. *Quid ergò fi non fint ejufdem gradûs ? Ita res temperari debet ut proximus quifque primo loco videatur invitatus ; nec tamen ideò fequentium caufa propter fuperiores in pofterùm lædi debet.* L. 69, §. 3. *de leg.* 2. Et alors le poffeffeur ne peut point écarter celui qui agit, fous prétexte qu'il y a des parens plus proches qui gardent le filence ; *nec poffeffor poffet opponere quòd extent proximiores.* Ce dernier argument doit achever de fixer tous les fuffrages.

Ainſi donc la Couronne raſſemble ici tous les titres poſſibles. Le Roi eſt perſonnellement héritier du Donateur, le Roi eſt perſonnellement Deſcendant du Donataire. L'autorité des conventions, la loi des ſucceſſions, tout le déclare Comte de Dunois. A ces titres perſonnels ſe joint en faveur du Roi comme Roi, le droit de reprendre un grand Fief qui fut concédé à titre de Pairie par forme d'Apanage : le Roi comme Roi, a droit encore de réclamer un grand fief qui fut dès l'origine une portion du Domaine de la Monarchie. Que de qualités diverſes ſe réuniſſent ! Que de motifs qui, dérivant de ſources différentes, conduiſent tous vers le même but !

Et c'eſt ainſi que cette importante Cauſe eſt établie ſur tous les fondemens les plus ſolides qu'on puiſſe imaginer.

RÉPONSES à la demande en dommages & intérêts.

M. le Duc de Chevreuſe prétend faire condamner à des dommages & intérêts M. le Préſident de Saint-Michel ; & par quelle raiſon donc ? M. de Saint-Michel lui a fait une injure. Quoi ! eſt-ce faire une injure que de ſe défendre ? N'eſt-ce pas plutôt M. de Saint-Michel qui en a reçu une ? Céder ſur lui un retrait féodal, après treize mois de poſſeſſion, après des réparations conſidérables, après des écrits poſitifs, lorſqu'on a entre ſes mains le contrat d'acquiſition pour liquider les droits !

On reproche encore à M. le Préſident de Saint-Mi-

chel d'avoir traité M. le Duc de Chevreufe de *poffef-*
feur de mauvaife foi, d'*ufurpateur*. Ces termes là ne
font jamais fortis de fa bouche, ni de celle de fon Défenfeur, ils n'ont jamais été imprimés. Tout ce qu'il
y a de vrai, c'eft que, pour répondre à une objection
tirée de ce que le retrait féodal étoit un fruit, difoit-
on, qu'un poffeffeur de bonne foi a le droit en tout
événement de conferver, on a fait voir de la part du
Préfident de Saint-Michel, que la poffeffion de M.
le Duc de Chevreufe n'avoit point les caracteres de
cette jouiffance de bonne foi, à laquelle feule la Loi
attache le gain des fruits. M. le Duc de Chevreufe a
pu avoir, a eu fans doute la fécurité que pouvoit lui
procurer un titre qu'il croyoit légitime, fans l'avoir
médité. Mais on lui a prouvé que ce titre étoit nul ;
on en a inféré qu'un poffeffeur dont le titre eft vi-
cieux, repréfente en vain fa bonne foi intérieure,
que la Loi ne l'excufe point, comme fondée fur une
erreur de droit qui n'excufe perfonne. M. le Préfident
de Saint-Michel a fait valoir ce moyen, il le devoit,
c'étoit un moyen de fa Caufe. Voudroit-on donc jet-
ter des entraves dans l'adminiftration de la Juftice ?
La défenfe des citoyens fera-t-elle étouffée par ce qu'on
appelle des confidérations d'honnêteté ? Le Préfident
de Saint-Michel & fon Défenfeur n'en ont point man-
qué, ils ofent attefter fur ce point les Magiftrats & le
Public ; & peut-être les Adverfaires méritent-ils le reproche qu'ils fe permettent de faire.

M. le Préfident de Saint-Michel borne là fes efforts. Sa Caufe étoit liée avec celle du Roi : on a voulu
divifer l'une de l'autre, à la faveur de quelques fins de

non-recevoir, elles font détruites, il eft certain qu'on ne peut point admettre le retrait féodal dont il s'agit, fi le comté de Dunois n'appartient point à M. le Duc de Chevreufe.

C'eft la relation intime de fon intérêt particulier avec l'intérêt général qui a procuré à M. le Préfident de Saint-Michel l'avantage & la gloire de défendre les droits facrés de la Couronne. Il remet aujourd'hui ce foin important au Magiftrat, légitime Gardien de ce dépôt inviolable, digne par fon zele de remplir cette fonction élevée, affuré par fes talens éminens de faire triompher une Caufe auffi intéreffante pour la Patrie que l'eft celle-ci. Il s'agit d'un vafte territoire qui eft un patrimoine public. La Cour convaincue que c'eft dans les Domaines de l'Etat que réfident fes reffources naturelles, la Cour toujours attentive à ce qui peut contribuer au foulagement des peuples, ne verra point avec indifférence une Terre d'un prix infini, où l'on compte deux cens Vaffaux, a-t-on dit, qui eft pour ainfi dire une Province du Royaume, en demeurer féparée, & être inutile au Corps de la nation, vraie propriétaire. M. le Duc de Chevreufe lui-même a les fentimens trop nobles, pour vouloir, fi l'on a eu le bonheur de le convaincre, retenir plus long-tems toute cette contrée, fur laquelle il n'a qu'un droit égal à celui des autres citoyens.

Monfieur **S E G U I E R**, *Avocat Général.*

Mᶜ **LE GOUVÉ**, Avocat.

LE SENECHAL, Procureur.

De l'Imprimerie de Louis CELLOT, rue Dauphine, 1767.